# LES
# PRINCES D'ÉBÈNE

PAR

G. DE LA LANDELLE.

PARIS
ALEXANDRE CADOT, ÉDITEUR,
37, RUE SERPENTE.

1852

# LES PRINCES D'ÉBÈNE.

## Ouvrages de G. de La Landelle.

Le Morne aux Serpents. . . . . . . . . . 2 vol.
Les Iles de Glace. . . . . . . . . . . . 4 vol.
Une Haine à Bord . . . . . . . . . . . . 2 vol.
Les Princes d'Ébène . . . . . . . . . . 5 vol.

*Sous presse :*

Le dernier des Flibustiers.

## Ouvrages de Xavier de Montépin.

Le Vicomte Raphaël. . . . . . . . . . . 5 vol.
Mignonne . . . . . . . . . . . . . . . . 3 vol.
Brelan de Dames . . . . . . . . . . . . 4 vol.
Le Loup noir . . . . . . . . . . . . . . 2 vol.
Confessions d'un Bohême . . . . . . . . 5 vol.
Les Chevaliers du Lansquenet . . . . . 10 vol.
Les Viveurs d'autrefois . . . . . . . . 4 vol.
Pivoine . . . . . . . . . . . . . . . . 2 vol.
Les Amours d'un Fou . . . . . . . . . . 4 vol.

*Sous presse.*

Les Oiseaux de Nuit.
Vicomte et Marquise.

## Ouvrages d'Alexandre Dumas fils

Tristan le Roux. . . . . . . . . . . . 5 vol.
La Dame aux camélias. . . . . . . . . . 1 vol.
Aventures de quatre femmes . . . . . . 6 vol.
Le docteur Servans . . . . . . . . . . 2 vol.
Le Roman d'une femme . . . . . . . . . 4 vol.
Césarine . . . . . . . . . . . . . . . 1 vol.

*Sous presse.*

Monsieur Théodore.
Henri de Navarre.
Les Amours véritables.

Impr. de E. Dépée, à Sceaux (Seine).

LES

# PRINCES D'ÉBÈNE

PAR

## G. DE LA LANDELLE.

1

PARIS
ALEXANDRE CADOT, ÉDITEUR,
37, RUE SERPENTE.
1852

# PROLOGUE

# LA FOSSE AUX LIONS

# CHAPITRE PREMIER.

### Le Vergeroux.

Par une belle matinée du mois de mars, la mère Barberousse hôtesse du Vergeroux, et sa fille Suzette causaient sur le perron de l'auberge. Leur conversation était bien celle de deux femmes dès longtemps familiarisées avec les choses de la navigation. Elles appartenaient par leur naissance, leur parenté, leurs relations et leur entourage, à cette caste commune dans les ports qui possède des connaissances et partage des préjugés étrangers au reste de la classe ouvrière. Elles étaient de cette grande famille maritime qui, clouée au rivage, vit de la même vie et rêve les mêmes rêves que les vaillants laboureurs de la mer.

— Quand je me suis levée, disait la jeune fille, j'ai vu le sémaphore qui faisait des signaux; il nous viendra du monde cet après-midi.

— Je crois plutôt que la division annonçait la position de l'Anglais. Avant la fin du mois, nous apprendrons du nouveau. Tu sais bien que dans quinze jours c'est le dimanche de la Passion : et cette année, à la Passion, il doit y avoir coup de vent ou coup de canon, comme dit père Michel le sorcier.

La jeune fille dissimula un sourire malin.

— Les signaux venaient de terre, reprit-elle, je l'ai bien vu, je parierais qu'on demandait un canot à l'amiral, et c'est justement le tour du *Foudroyant*, aujourd'hui.

La mère Barberousse se laissa facilement convaincre ; elle n'ignorait pas qu'il est aisé de voir si le télégraphe marin questionne ou s'il répond.

— Es-tu bien sûr, demanda-t-elle avec intérêt, que ce soit le tour du *Foudroyant*?

— Oui, mère, puisque c'était le *Cassard* avant-hier, et l'*Aquilon* hier toute la journée. Vous savez bien que l'embarcation de service est de chaque bord l'un après l'autre, et que le *Foudroyant* passe après l'*Aquilon*.

— C'est vrai, c'est, ma foi vrai. Rien de tel que d'avoir dix-huit ans, pour se rappeler tout ça juste comme l'or. Dans mon jeune temps aussi, quand Barberousse devait descendre à terre, j'en étais sûre quinze jours à l'avance, murmura la bonne femme en soupirant.

— Vous pensez donc aussi que Jean-Pierre viendra dans la journée?

L'hôtesse ne répondit pas à sa fille, mais poursuivant avec tristesse :

— Madame Richemont sera bien contente elle, ce matin; on viendra lui porter une lettre là, à sa maison de campagne, dit-elle en montrant une jolie habitation voisine à demi-masquée par une avenue de peupliers. Je me souviendrai toute ma vie de ces grandes pages d'écriture qui m'arrivaient du fin fond de l'Inde, jaunes comme du vieux parchemin à gargousses, tant la traversée avait été longue, et dont j'écoutais la lecture, la larme à l'œil. Pauvre cher homme! Le commandant Richemont, d'abord, ne manque pas l'occasion; quand il ne peut pas descendre, il prend la plume ; c'est un bon mari, dam! et un bon officier aussi; un raide, par exemple; trop dur, comme disait mon défunt. Ils avaient navigué ensemble autrefois, ils se connaissaient bien, ils savaient qu'il y avait bonne tenue dans leurs cœurs à tous deux. un fond solide, pire que du sable fin où une ancre n'aurait jamais chassé!....

Une fois sur ce chapitre, la mère Barberousse ne tarissait plus; il fallait qu'elle passât en revue tous ses souvenirs conjugaux et maritimes.

Suzette, exposée à un centième récit des campagnes de son père avec le commandant actuel du *Foudroyant*, s'abandonnait à d'autres pensées. L'œil fixé sur la rivière, elle cherchait à découvrir l'embarcation du vaisseau ; elle prêtait l'oreille au vent de nord-ouest qui commençait à souffler, espérant entendre le bruit des avirons.

— La brise et la marée sont pour eux, se disait-elle ; s'ils doivent descendre, ils ne tarderont pas à débouquer de la pointe.

Tout à coup elle interrompit sa mère par une bruyante exclamation ; elle avait aperçu un point noir surmonté d'une haute voile blanche.

L'hôtesse, brusquement arrachée à ses commentaires, donna un coup d'œil au canot qui remontait rapidement la Charente ; puis elle entra dans l'auberge, en appelant à elle les servantes d'un ton de commandement :

— Holà ! hé ! allons ! Rosalie, Toinon, Marianne, à moi ! grand feu à la cuisine ! un couvert dans le petit cabinet pour l'aspirant de corvée ; une nappe sur la grande table ! Toi, fais-moi de la soupe à l'oignon, en deux temps ; et toi, va tirer du vin frais, et cueillir de la salade, tu l'éplucheras bien vite ;

leste! leste! dépêchons-nous; ils n'ont peut-être qu'un instant à rester à terre.

La jeune fille descendit du perron et s'élança légèrement sur une éminence d'où l'on apercevait encore mieux les mouvements du canot. Il avançait à pas de géant, poussé par la brise qui fraîchissait et par le flux qui était alors dans toute sa force. Suzette ne tarda pas à le reconnaître pour le grand canot du *Foudroyant*; mais la voile cachait les matelots; elle ne voyait distinctement que le père Palanquin, le patron, debout à la barre du gouvernail et tout attentif à bien aborder.

C'est en 1809 que s'ouvre notre récit; les divisions navales de Brest, Toulon et Rochefort étaient réunies sous les ordres du vice-amiral Allemand, en rade de l'île d'Aix, à l'embouchure de la Charente. La marine impériale, après ses grands revers, venait d'obtenir quelques succès partiels, elle semblait renaître de ses cendres. Le zèle déployé dans nos chantiers de construction, depuis Anvers jusqu'à Venise, semblait pour elle, d'heureux augure; elle espérait pouvoir se renforcer à l'ancre, prendre ensuite son essor et balayer les forces anglaises loin de nos côtes.

Noble illusion que des événements prochains devaient cruellement démentir!

La flotte de l'île d'Aix se composait de onze vaisseaux de ligne, plusieurs frégates et quelques bâtiments légers. Une division ennemie, placée en observation sur la rade des Basques, la tenait bloquée. Souvent alors les péniches des deux escadres se rencontraient : une vive fusillade s'engageait; on escarmouchait vaillamment, on faisait quelques prises d'embarcations, et les choses en restaient là.

Aucun engagement sérieux n'avait eu lieu : l'Angleterre préméditait une perfidie ; elle n'attaquait point, car elle préparait ses brûlots et ses machines infernales.

On se demande par quel aveuglement, Napoléon déchu a osé, sur cette même baie, se rendre à bord du *Bellérophon* ! Ne voyait-il donc pas, à la plage, les débris fumants de ses vaisseaux ! Les échos de l'île d'Aix ne lui criaient-ils pas : « Trahison ! trahison ! infamie ! »

Les marins des deux nations, toujours en présence, toujours prêts au combat, enduraient les tourments de l'état de siége ; de part et d'autre on se maudissait et chacun continuait à souffrir à son poste.

Mais tandis que des maux inévitables s'appesantissaient sur les armées navales, les riverains se réjouissaient, car les communications établies entre la division française et le port de Rochefort faisaient leur richesse. Ils ne parlent aujourd'hui qu'avec regrets de cette époque où le commerce local était si florissant, et paraissait avoir oublié les catastrophes dont ils furent témoins. Ils ne se rappellent plus les calamités de la guerre, ils n'en voient que les bénéfices. La moitié du genre humain est ainsi, toujours destinée à profiter des douleurs de l'autre moitié.

Jamais une plus grande activité n'avait régné aux bords de la Charente; le petit village de Vergeroux se ressentait entre autres du mouvement général. Les sinuosités de la rivière, entre ce point et Rochefort, étaient cause que les embarcations des officiers et les canots porteurs d'ordres ne remontaient pas jusqu'au port; ils s'arrêtaient d'ordinaire à un grand pont de bois qui sert de cale de débarquement. En moins de vingt minutes, on peut aller par terre jusqu'à la ville, tandis que le trajet par eau est toujours beaucoup plus long, même avec la marée montante.

Le Vergeroux était donc un lieu de relâches perpétuelles qui prit un rapide développement. Les maisons de campagne des environs furent habitées par les familles des capitaines de vaisseau et des autorités de la division; une foule de boutiques et de cabarets s'agglomérèrent dans le hameau maritime.

Au nombre de ces derniers, on remarquait, à juste titre, l'auberge de *l'Escadre invisible*, dont l'enseigne, toute d'actualité, mérite une mention particulière. C'était une peinture chargée en couleur comme la muraille d'un vitrier, confuse à l'égal de certaines marines de nos jours, et par conséquent d'une composition irréprochable.

L'artiste avait habillement dissimulé ses vaisseaux et ses frégates sous des nuages bien noirs, de la fumée bien grise, du feu bien rouge, et des lames gigantesques puisées dans un pot de bleu de Prusse. Quelques lambeaux de pavillon, perçant en arc-en-ciel à travers ce fond multicolore, devaient servir à indiquer le sujet du tableau ; mais heureusement on lisait au-dessous en gros caractères : *A l'Escadre invisible, la veuve Barberousse sert à boire et à manger. On loge à pied.* Grâce à l'inscription, le chef-d'œuvre de difficultés vaincues rappelait parfaitement la division légère qui, commandée par Allemand, alors contre-amiral, avait à diverses reprises sillonné les mers avec un bonheur extraordinaire.

Sans être jamais rencontrée par des forces supérieures, sans laisser aucune trace de son passage, elle avait pris et brûlé une infinité de navires de commerce; fantôme vengeur, elle avait silencieusement promené sa torche enflammée sur l'Océan; elle était ensuite parvenue à tromper la vigilance des sentinelles de Gibraltar; elle avait pénétré dans la Méditerranée, rejoint l'escadre de Toulon, aidé à ravitailler Corfou et les îles Ioniennes. Elle avait rendu d'immenses services; mais aussi la tempête était son égide, le gros temps son auxiliaire accoutumé, l'hiver sa saison favorite.

L'escadre invisible naviguait entre deux eaux.

L'Anglais lui-même l'avait baptisée, et elle se glorifiait d'avoir l'ennemi pour parrain. Son nom fantastique était de nature à séduire les matelots: il fit fortune dans les ports. Le merveilleux plaît toujours au peuple, au peuple maritime surtout. Est-il étonnant, après cela, qu'un cabaret du littoral se fût mis sous son patronage? Une bonne enseigne est à une taverne ce qu'un titre piquant est à un livre.

L'auberge, du reste, avait tout ce qu'il faut pour attirer les chalands. Elle était blanche et d'un aspect agréable, entourée de verdure, tapissée de treilles, couverte en tuiles rouges et sise à peu de distance du débarcadère. On y entrait par un perron de quelques marches et d'une extrême propreté. Une appétissante odeur, qui s'échappait de la cuisine, la renommée d'un vin généreux et d'un cognac irréprochable, la bonhomie de l'hôtesse, les beaux yeux de Suzette sa fille, que de séductions capables d'arrêter les matelots! Pourquoi aller chercher en ville ce qu'on trouvait chez la mère Barberousse? Dans aucun cas on n'aurait voulu passer devant la porte sans faire au moins une halte chez la bonne femme :

— Véritable *cœur d'or*, disaient les pratiques, la ressource des *raffalés*, toujours disposée à faire crédit à ses enfants, et de plus veuve d'un contre-maître de manœuvre.

A en croire les anciens de la cale, elle avait été des *mieux gréées* et des *mieux taillées* dans sa jeunesse ; certains d'entre eux en faisaient même un très grand cas, malgré les quarante automnes et le majestueux embonpoint qu'elle traînait à sa remorque. Mais les jeunes gens de la division lui préféraient, on le conçoit aisément, la jolie Suzette, fraîche, vive, alerte, rieuse, bonne enfant s'il en fut, et sage en même temps, ce qui la rendait d'autant plus attrayante.

Suzette avait à peine dix-neuf ans, de longs cheveux châtains coquettement relevés sous sa coiffe, des yeux noirs et pétillants, la taille fine, le pied mignon, l'esprit éveillé, la répartie prompte. Auprès d'elle la galanterie goudronnée ne se permettait pas de dépasser les bornes d'une amicale familiarité. Malheur à l'audacieux qui eût osé aller au-delà; mille poings plus terribles que les serpents de la fable se seraient dressés sur sa tête.

Les soupirants aux bonnes grâces de la jeune fille l'emportaient de beaucoup en nombre et en vaillance sur les prétendus de Pénélope.

Il n'était pas un gabier de misaine ou d'artimon, pas un timonnier, pas un chargeur, qui n'eût fumé bien des pipes en son honneur sur le gaillard d'avant; pas un qui ne se fût écrié en pensant à elle :

— « Quelle chance de louvoyer toute sa vie bord à bord avec une pareille corvette! »

Sa douce influence avait converti au mariage les plus mauvais garnements de l'escadre. L'amour et la beauté ont toujours fait des miracles.

Parmi tant de concurrents empressés, Suzette, non moins sensible que séduisante, n'avait pu résister à la tentation de faire un choix; Jean-Pierre, du vaisseau le *Foudroyant*, avait obtenu la palme. Il était son compatriote, le fils d'un vieux pêcheur du pays. Toute petite, elle l'avait vu s'embarquer comme mousse; elle se rappelait avoir pleuré à son départ, et maintenant elle le retrouvait grand, hardi, beau garçon, éperdûment amoureux et gabier de grand'hune.

Homme d'élite, il était toujours choisi pour les expéditions hasardeuses; ingénieux amant, il savait toujours se glisser comme canotier dans les embarcations qui abordaient au Vergeroux. Ses rivaux s'étaient aperçu avec dépit de la prédilection marquée qu'avait pour lui la fille de l'hôtesse, et pourtant ils lui pardonnaient son triomphe : le sobriquet de *Croche-Cœur*, qu'on lui avait décerné à l'unanimité, en était la preuve irrécusable. L'équipage du *Foudroyant* ne le connaissait plus que sous ce surnom flatteur; les chefs même ne l'appelaient plus autrement, et, dans leur bouche, c'était presque un terme d'amitié, car le gabier était zélé, subordonné, discret, plein d'adresse, de courage et d'audace.

Depuis le sévère commandant du vaisseau, M. Richemont, jusqu'au dernier mousse, Rafiau, qui servait les aspirants, tout le monde aimait et estimait l'heureux favori de Suzette.

Le canot, gouverné par Palanquin, s'avançait toujours. Mais la jeune fille avait beau se crever les yeux, elle ne voyait encore que l'estimable patron de chaloupe, et se demandait avec inquiétude si son ami Jean-Pierre se trouvait au nombre des rameurs.

Enfin la misaine fut amenée.

Du premier coup d'œil, Suzette entrevit Croche-Cœur au banc de l'arrière, mettant à l'eau son lourd aviron pour favoriser l'accostage.

Cette évolution, simple en apparence, était fort délicate à cause de la violence du courant.

L'aspirant de service se démenait et semblait prendre des précautions infinies pour bien aborder; il était facile de voir à ses gestes combien il tenait à ne pas perdre un seul instant.

Le second regard de la jeune fille fut pour lui.

— Ah! M. Frédéric de Kéravel; tant mieux! murmura-t-elle; c'est un bon enfant, il n'empêchera pas les canotiers de venir chez ma mère.

En ce moment, l'embarcation toucha la rive. Suzette avait été reconnue en même temps par le gabier et l'aspirant de marine; le premier lui avait fait de loin un signe d'amitié auquel elle répondit de la main; le second avait bien observé sur quel tertre elle attendait; et, se retournant vers le patron :

— Amarrez solidement le canot, ne vous éloignez pas de chez la mère Barberousse, et surtout soyons sages. Tu me réponds d'eux, père Palanquin; dans une heure ou une heure et demie je serai de retour.

— Soyez calme, monsieur de Kéravel, répliqua le patron; on ne fera pas de bêtises, je suis là pour un coup.

Tranquille sur le compte de ses hommes, Frédéric releva la tête du côté où il avait entrevu la jeune fille; et, mettant son sabre sous le bras, il se prit à courir de toutes ses forces de manière à la rejoindre.

Croche-Cœur, occupé à arranger les ustensiles du canot, remarqua cette circonstance; une pensée jalouse vint traverser son esprit. Elle fut cruellement confirmée quand il vit Suzette reparaître sur une élévation, à côté de l'aspirant, et s'éloigner bientôt dans une direction opposée à celle de l'auberge.

Prompt comme l'éclair, il saute à terre et court à son tour, le doute dans le cœur, afin de les observer sans être vu.

Kéravel et la jeune fille avaient dépassé de plus de deux cents pas l'*Escadre invisible*. Ils s'étaient arrêtés à l'extrémité d'une pelouse entourée d'épais buissons, derrière lesquels le gabier se plaça aux aguets.

L'aspirant parlait avec chaleur, mais à voix basse comme s'il eût craint d'être entendu ; sa pantomime expressive paraissait produire un vif effet sur Suzette, qui levait vers lui ses grands yeux noirs en souriant. Plusieurs fois elle fit des signes d'adhésion qui mirent le jeune homme au comble de la joie, tandis que le matelot frémissait de colère. Enfin une convention sembla conclue entre eux ; Frédéric prit la main de la jeune fille, lui donna un objet que le gabier ne put voir, et qu'elle cacha rapidement dans sa poche. Ensuite se tenant encore par la main, ils continuèrent à courir gaîment vers la maison de campagne de madame Richemont. Jean-Pierre, toujours caché par le taillis, s'élança à leur poursuite ; ils firent une nouvelle halte, et cette fois l'aspirant, transporté de plaisir, déposa un sonore baiser sur le front de Suzette, qui se contenta de repousser ses galanteries en riant aux éclats.

— C'est décidé, n'est-ce pas? disait Frédéric; mais tu sais, ma belle enfant, que nous n'avons pas une minute à perdre, quoiqu'il soit encore de bonne heure.

— Sûr, bien sûr, je vous le promets de tout mon cœur; je reviendrais au besoin.

Et après une courte pause :

— L'amour..., ajouta-t-elle d'un ton sérieux en posant un doigt sur ses lèvres qui faisaient une moue charmante; l'amour... on sait aussi ce que c'est, monsieur l'aspirant.

Il est assez rare que les matelots soient passionnément amoureux; privés, par leur carrière même, de la société du sexe féminin, ils se contentent de faire filer au sentiment dix lieues à l'heure lorsque l'occasion le permet. Jean-Pierre était une exception; ses instincts généreux ne s'arrêtaient point, ainsi que ceux de ses camarades, à l'amitié, à la reconnaissance, à la piété filiale; ils avaient dépassé les limites ordinaires. Son amour pour Suzette n'était pas un caprice, il aimait dans toute la force du terme; il aimait comme un paladin, comme un Othello, peut-être. Après ce qu'il venait de voir et d'entendre, ses soupçons se convertissaient en certitudes. Une sueur froide le glaça, il resta un instant immobile, tandis que l'aspirant et la jeune fille se remettaient en marche plus posément en approchant des peupliers. Ils furent bientôt entièrement dérobés aux yeux de Jean-Pierre par le mur de l'enclos. En les perdant de vue, ce dernier revint à lui; il voulut acquérir de nouvelles preuves de l'infidélité de Suzette. Peu lui importait d'être découvert maintenant; dans son désespoir il eut volontiers cherché querelle à Frédéric lui-même : les liens de la subordination étaient rompus. Il sauta donc hardiment sur le chemin, pressa le pas, et arriva en quelques secondes au point où avaient disparu ceux dont il suivait la piste. Il n'aperçut plus aucune trace de l'un ni de l'autre. A sa gauche s'étendait une longue muraille à angle droit, dont la porte rapprochée donnait dans un jardin; devant lui une grande route ; à sa droite un sentier sinueux et boisé qui conduisait aux faubourgs de Rochefort.

Si le matelot était arrivé un peu plus tôt, il aurait vu Frédéric et Suzette échanger un dernier regard d'intelligence et se séparer. Le premier s'était précipité dans le sentier pour se rendre en toute hâte aux ordres du préfet maritime. La seconde avait levé le loquet de la porte et était entrée dans le jardin d'un pas joyeux, pour remplir une mission dont elle était flattée. Suzette venait de recevoir une confidence, nul mieux qu'elle ne pouvait servir les projets amoureux du jeune Frédéric de Kéravel.

La fille de l'hôtesse pénétra dans l'habitation en voisine qui en connaît parfaitement les aîtres et les usages. Au lieu de se diriger de suite vers les appartements, elle s'enfonça sous une épaisse charmille, où elle ne tarda pas à rencontrer la personne qu'elle cherchait.

Mademoiselle Joséphine Brissart, nièce du capitaine du *Foudroyant*, était assise sur un banc de gazon lorsque Suzette la salua d'un air un peu embarrassé. Le salut amical qui fut rendu prouvait que les deux jeunes filles n'en étaient pas à leur première entrevue. Elles se connaissaient en effet depuis quelque temps, et même une certaine familiarité qu'autorisent les mœurs de la campagne était déjà établie entre elles.

Après les premières civilités, Suzette tira de sa poche la lettre que Frédéric lui avait remise sur la pelouse :

— Voici ce que M. de Kéravel me charge de porter ici de la part de votre oncle, mademoiselle. Il était bien chagrin, le pauvre jeune homme, de ne pouvoir faire sa commission lui-même; mais il avait l'ordre d'aller à Rochefort sans perdre une minute. Si vous l'aviez vu, il faisait peine à entendre.

— Et pourquoi? demanda ingénuement Joséphine.

— Pourquoi? répliqua Suzette, que la question mettait plus à son aise, il ne me l'a pas dit précisément, mais je ne n'ai pas eu de peine à le deviner. Il paraît que cet hiver il vous a rencontrée au bal, et puis qu'il vous a vue aussi chez madame votre tante, du temps que vous demeuriez en ville.

— Je me rappelle, en effet, M. de Kéravel, répondit Joséphine en rougissant; un joli homme, assez grand, un peu brun, n'est-ce pas?

— Et puis, aimable, gai, bon enfant, rieur, causeur, un vrai vive la joie!

— Ah! fit Joséphine.

— Ça semble vous étonner.

— Beaucoup. Je l'ai toujours vu froid, réservé, silencieux, grave, presque taciturne; il dansait bien, mais ne disait mot; je crois d'ailleurs que mon oncle fait grand cas de lui.

— Lui, taciturne! s'écria Suzette à son tour, les hommes de son bord ne disent pas ça. Après tout, mademoiselle, continua la jeune fille en se ravisant, on conçoit que, *devant vous*, ce bon M. Frédéric fût un peu intimidé.

— Je ne suis pourtant pas faite pour effrayer, ce me semble, dit Joséphine en riant.

— Bien au contraire, mademoiselle ! Et d'ailleurs les aspirants n'ont peur de rien au monde ; celui-là surtout, si vous saviez comme il est brave !

— Alors, comment expliques-tu ton histoire? répliqua Joséphine, que la conversation amusait.

—Je vois bien que vous voulez rire, mademoiselle ; malheureusement, ou plutôt heureusement, je n'ai pas le loisir de rester : il faut que je retourne bien vite à la maison.

— Qui te presse tant, je te prie ? Ne t'en vas pas, ma petite ; je vais porter cette lettre à ma tante et revenir. Nous causerons amicalement; tu prendras ton ouvrage et moi le mien.

— Non, non, mademoiselle; voyez-vous, mon amoureux est à terre *aussi*, et il ne descend pas tous les jours.

Cette fois, Joséphine baissa les yeux, n'osant insister; Suzette riait sous cape.

— Je voulais vous dire encore, reprit-elle, que M. Frédéric, à son retour de la préfecture, aura peut-être le temps de faire une visite à madame Richemont; mais il est bien embarrassé, il n'ose pas. C'est si drôle, ces aspirants! ils ne reculeraient pas devant une escadre anglaise, ils tremblent auprès de...

— Joséphine se hâta prudemment d'interrompre la jolie messagère :

— Je ne puis affirmer qu'une chose, Suzette, c'est que ma tante lui fera certainement un très-bon accueil, *s'il ose*.... se présenter. Ainsi mignonne, je ne te retiens pas.

— Grand merci, mademoiselle, adieu, à demain! dit gaîment la jeune fille en regagnant la porte de l'enclos; et quand elle fut près de sortir, elle dit à demi-voix : — Je gagerais bien qu'il viendra, maintenant.

Joséphine fit semblant de n'avoir pas entendu, mais elle s'empressa d'aller trouver sa tante, et ne retourna plus sous la tonnelle. Elle se plaignait du vent; le rayon de soleil, qui une heure plus tôt lui semblait délicieux, ne suffisait plus pour la réchauffer. Elle prit sa broderie et s'assit à l'angle de la cheminée, en face de madame Richemont, qui lisait la lettre du commandant.

Suzette, enchantée de son adresse, volait vers l'auberge où les canotiers du *Foudroyant* devaient être réunis; elle oubliait à chaque pas sa mission diplomatique, pour penser à son sémillant gabier de grand'hune ; elle était loin de se douter de ce qui avait eu lieu chez sa mère pendant sa courte absence.

Au brusque départ de Croche-Cœur, le père Palanquin avait juré par mille tonnerres, et puis il avait hoché la tête avec bonhomie en murmurant : — J'ai eu vingt-cinq ans aussi ; il y a vingt-cinq ans de ça.

Quand le canot fut solidement amarré, les rameurs, précédés du patron, gouvernèrent droit sur le perron de l'*Escadre invisible*. La mère Barberousse était prête à les recevoir : un feu d'enfer pétillait dans la cheminée ; la soupe à l'oignon répandait un parfum des plus réjouissants ; la nappe était mise, le vin tiré, la salade épluchée.

— Toujours fidèle au poste, notre hôtesse, dit Palanquin en lui serrant la main à tour de bras.

— Toujours, mon ancien. Ah ça avons-nous du temps devant nous?

— Pas trop, j'en ai peur; mais assez, la mère aux amours, pour vous filer dans le pertuis de l'oreille le détail de ce que je vous suis : votre matelot de babord, depuis la pomme jusqu'à la quille, vrai comme il n'y a qu'un *Foudroyant*.

— Chut! fi donc! monsieur Palanquin, dit en se rengorgeant la suzeraine du lieu :

— Bêtises dans le coin! foi de quartier-maître et de patron du grand canot, mère Barberousse, je vous ai largué la pure vérité en riant! Le plomb de sonde de mon cœur a rapporté pour vous fond d'amourettes.

Ravi de son madrigal maritime, le vieux marin prit joyeusement la taille imposante de la matronne, en frédonnant d'une voix rauque sa romance de prédilection :

Le noble éclat du diadème
N'a point ici séduit mon cœur, etc.

— Je vous aime à ma façon, maman Turlutine, ni plus ni moins que Croche-Cœur aime Suzette; et puis, dites-moi, ça ne vous ennuie-t-il pas d'être veuve? Je ne tarderai point à passer second maître, et alors...

La physionomie empourprée de la bonne femme avait été rayonnante jusque-là, elle s'était prêtée de fort bonne grâce à la plaisanterie, tandis que les filles d'auberge servaient les canotiers; mais, au nom du gabier, elle se dégagea brusquement de l'étreinte sentimentale du galant patron.

— Où est passée Suzette? demanda-t-elle.

— Et Croche-Cœur? s'écria Palanquin en même temps.

— Rosalie, allez me chercher ma fille en double : ah mais! par exemple?

— Vous n'avez donc pas vu Croche-Cœur, mère Barberousse ?

— Ah ! il est à terre, je le pensais bien. Eh bien ! gare à vous mam'zelle. Rosalie, courez donc ! Ma fille, ici, tout de suite !

— Tiens ! tiens ! tiens ! ça se gâte, disaient les matelots attablés; il va y avoir du bouillon, le grain monte, range à carguer les perroquets. Le beau malheur, quand Croche-Cœur l'aurait rencontrée !

— Ah ! Croche-Cœur n'a pas paru ici ! criait le patron : je vas le régaler ; attends-moi, coureur ! Nom d'un nom ! Si l'aspirant savait ça ! Chez la mère Barberousse, à l'*Escadre invisible*, et pas dehors, voilà la consigne.

— Défie du grain ! veille, veille ! continuaient les canotiers; le père Palanquin est dans ses belles, il n'y a pas gras !

Tout en devisant ainsi, ils trinquaient à la *perdition des Anglais.*

— Mal-blanchi, dit le patron à son brigadier, c'est à dire au matelot appelé à le remplacer à la barre en cas d'absence, je te défends de laisser sortir personne, avant mon retour ; je vais chercher maître Croche-Cœur.

— C'est bien, père Palanquin, il n'y a pas de danger.

— Mariannè, ne les laisse manquer de rien, disait de son côté l'hôtesse à sa servante, je vais chercher Suzette.

— Soyez tranquille, madame, on les soignera.

A l'instant où le quartier-maître ouvrait la porte, on vit entrer Croche-Cœur, pâle, défait, les yeux rouges dans un état d'abattement qui faisait un contraste complet avec son allure ordinaire.

— D'où arrives-tu, demanda sévèrement le patron.

— Ne m'en parlez pas ! dit le gabier en se méprenant, c'est à se chavirer le corps. Je ne reviens plus à terre, c'est fini !

Les mangeurs de soupe à l'oignon laissèrent tomber leurs cuillers avec étonnement.

— As-tu vu ma fille ? s'écria la mère Barberousse.

— Oui et non, c'est à dire que je ne lui ai pas parlé.

— Ah ça ! de quoi tourne-t-il ce matin ? se demandaient les canotiers, on n'y comprend goutte.

Le patron avait un faible pour Jean-Pierre, en le voyant rentrer volontairement et si tôt, il sentit diminuer sa colère ; la douleur évidente du gabier acheva de l'apaiser.

D'ailleurs la mère Barberousse s'était

précipitée sur Croche-Cœur, elle l'accaparait, elle l'accablait de questions :

— Je vous dis que je ne lui ai pas parlé et qu'elle ne m'a pas vu, la malheureuse! répondit-il à voix basse.

Et s'approchant de l'oreille de l'hôtesse :

— Elle est avec l'aspirant, voilà.

— Et puis ?

— Et puis! c'est tout; répliqua le matelot avec effort.

Il s'était promis de ne parler ni du baiser, ni du cadeau supposé de Frédéric, avant de les avoir reprochés à Suzette en personne.

La mère Barberousse, à la sombre déclaration du gabier, partit d'un grand éclat de rire et reprit sa sérénité :

— A table! à table! les enfants! Vive la gaîté! Ceux qui n'ont pas d'argent me paieront avec leurs parts de prise.

Les matelots ne se le firent pas répéter deux fois; le vin rouge et le vin blanc circulèrent à flots.

Croche-Cœur, accablé, s'était assis à l'écart : il ne mangeait ni ne buvait; immobile et pensif dans son coin, il était obsédé par d'horribles tentations de vengeance. Nul ne prenait plus garde à lui, car le père Palanquin s'était remis à papillonner autour de l'hôtesse.

En ce moment, Suzette entra légèrement ; sa mère l'arrêta au passage :

— D'où viens tu ?

— De chez madame Richemont; monsieur Frédéric était pressé, il m'a remis une lettre pour elle; je l'ai portée; j'ai causé un petit moment avec mademoiselle Joséphine, et me voici.

— Je l'avais deviné dit la mère en souriant.

Suzette se dirigea aussitôt vers son amoureux; celui-ci ne bougeait pas.

Il avait suivi ce rapide colloque, et dans son indignation il l'avait encore interprété en mauvaise part; la jalousie est si méchante conseillère! Jean-Pierre d'ailleurs ne savait pas user de ruse : c'était un homme franc, taillé tout d'une pièce, incapable de cacher longtemps ce qu'il éprouvait. En voyant la jeune fille venir à lui, il baissa les yeux, fit appel à sa fermeté et attendit.

— Eh bien, Jean-Pierre! qu'as-tu donc aujourd'hui? Pourquoi ne me souhaites-tu pas le bonjour? Es-tu passé amiral pour faire ton fier comme ça! c'est aimable de me laisser t'accoster la première.

Le matelot, encore indécis sur le parti à prendre, se contenta de lever sur elle un triste regard.

— Mais tu es malade ? dit vivement Suzette; comme tu es pâle, mon Dieu! qu'as-tu donc?

— J'ai... deux mots à vous dire en particulier, répondit Croche-Cœur qui l'attira brusquement à l'angle opposé de la salle. J'ai... que vous ne m'aimez plus, que vous me trompez, et que je ne reviendrai jamais ici. Comment? vous vous laissez faire la cour par les aspirants, vous acceptez leurs cadeaux et vous n'avez pas honte! Allez, mademoiselle, je vous ai relevée dans une bonne aire de vent, je vous connais à cette heure; allez! faites-vous embrasser par qui vous plaira, maintenant, excepté par moi, entendez-vous.

Suzette fut au moment de pleurer au ton amer de ces reproches; mais forte de son innocence, et piquée d'avoir été suivie par le gabier, quand celui-ci eut fini de parler elle lui demanda avec ironie :

— Ah!... quels sont mes aspirants, s'il te plaît?

— M. de Kéravel, d'abord.

— Allons!... je suis bien aise de l'apprendre; et après?

— Ceux qui viennent en corvée les autres jours, sans doute.

— Bien, va toujours. C'est beau, ce que tu dis là! Pauvre garçon que tu es!

— Mettons qu'il n'y ait que M. de Kéravel; pour celui-là j'en suis sûr. Comptez-vous, par hasard, mademoiselle, passer jamais devant le curé avec lui?

— Monsieur Frédéric n'a rien de commun avec moi, s'écria Suzette devenue écarlate.

— Je l'ai vu.

— Quoi? Qu'as-tu vu? Parle!

— Elle a l'aplomb de le demander! dit le gabier insistant avec détails sur tout ce dont il avait été témoin. Vous voyez bien, ajouta-t-il, que je sais tout, et que j'ai raison de ne plus vous aimer, moi qui ne suis qu'un pauvre matelot.

L'expression douloureuse de ces derniers mots détermina Suzette à se justifier. Elle l'essaya :

— Premièrement, dit-elle, il ne m'a pas pas fait de cadeau; c'est tout bonnement une lettre pour madame Richemont qu'il m'a remise. Ensuite, s'il m'a embrassée, c'est de bonne amitié, à cause qu'il était content de moi; mais d'ailleurs, ceci n'est plus mon secret et ne te regarde pas.

La jeune fille était trop émue pour ne pas s'échauffer au bruit de ses paroles ; sa modération d'un instant fit bientôt place à sa vicacité habituelle.

— Non, te dis-je, ça ne te regarde pas. Je ne suis pas libre, peut-être, de me laisser embrasser sans ta permission ! Je voudrais bien savoir quel mal il y a! Nous avons couru ensemble, M. Frédéric et moi ; le beau péché ! Jaloux que vous êtes ! M'est-il défendu de courir, par hasard ? Il m'a parlé d'amour, c'est vrai ; mais si vous aviez eu de meilleures oreilles, monsieur l'espion, vous auriez su que cet amour n'était pas pour moi. Vous faites un joli métier, à présent, au coin des chemins ! Pourtant je vous conseille de mieux le faire une autre fois.

Jean-Pierre, se voyant attaqué à son tour, balbutia. Les arguments de la jeune fille lui semblaient sans réplique et le ravissaient. On croit si facilement ce qu'on désire, qu'il ne mit pas en doute la véracité de Suzette. Celle-ci s'aperçut du changement soudain du gabier. Alors, par un caprice fort excusable, pour le punir d'avoir douté d'elle, elle feignit de se retirer encore fâchée.

Le matelot la retint en se confondant en excuses.

Un quart-d'heure après, la paix était faite et bien faite. Croche-Cœur, assis auprès de ses camarades, portait la santé de sa belle, à qui les autres canotiers faisaient des déclarations à perte d'haleine. Elle riait et sautillait autour d'eux, jasant, caquetant, coquetant selon sa coutume, et favorisant toujours d'une répartie, d'un regard ou d'un sourire l'heureux gabier qui triomphait. Il avait déjà tout oublié, sa gaîté lui était revenue ; de temps en temps ses saillies pétillaient et attiraient l'attention du père Palanquin lui-même, encore que celui-ci fût assidûment occupé à courtiser l'imposante hôtesse de l'*Escadre invisible*.

Croche-Cœur venait d'entonner une ro

mance sentimentale, les matelots répétaient le refrain en chœur; Palanquin, la mère Barberousse, Suzette et les servantes, tout le monde chantait, lorsque Frédéric ouvrit la porte et entra.

A son aspect, le concert monstre fit silence; le patron se dressa sur ses longues jambes, tâcha de prendre une attitude militaire, et porta la main à son chapeau de cuir bouilli, comme pour dire : *Présent*.

— Ne vous dérangez pas, fit l'aspirant, nous avons encore deux ou trois heures, et peut-être plus, à passer ici.

— Fameux! s'écrièrent les canotiers.

— Mère Barberousse, à déjeûner dans le cabinet, vivement!

— Tout est paré, monsieur Kéravel; si vous voulez monter?

L'aspirant avait rapidement fait un signe d'intelligence à Suzette, qui s'empressa d'aller lui rendre compte de son ambassade. Il prit à peine le temps de manger, et redescendit dans la salle commune.

— Père Palanquin, un gendarme viendra dans l'après-midi m'apporter une lettre de la part du préfet maritime. Tu me l'expédieras de suite chez madame Richemont, et aussitôt tu iras avec tout ton monde disposer le canot à appareiller. On m'attendra.

— C'est bien, répondit le patron.

Suzette se mit à la fenêtre pour voir son protégé qui se rendait, en bondissant de joie, à la maison de campagne du commandant.

Croche-Cœur avait remarqué de nouveau ce qui s'était passé entre l'aspirant et la jeune fille; un problème obscur se présentait encore à sa pensée, car Suzette n'avait pas voulu trahir le secret de Frédéric, elle s'était contentée de l'indiquer à mots couverts.

Jean-Pierre n'avait pas su deviner.

Les regards échangés à la dérobée, les chuchottements, les sourires, le tête-à-tête du cabinet, bien qu'il n'eût été que d'une minute, rejetèrent le gabier dans ses perplexités. Il ne voulut pas cependant les laisser paraître, et, pour la première fois de sa vie, il feignit un sentiment qu'il n'éprouvait pas.

La pénétration de Suzette fut mise en défaut par la manière dont il se conduisait; il riait et chantait à gorge déployée, versait à boire à ses camarades, faisait une dépense extrordinaire de compliments, d'amabilité et de galanterie. Il s'efforçait de s'étourdir lui-même; mais il avait conçu un projet, il était résolu à tenter une dernière expérience.

L'après-midi s'écoula dans la gaîté la plus folle; le père Palanquin avait avancé de trente encâblures dans le cœur de la mère Barberousse; les canotiers juraient que le Vergeroux serait leur dernier lieu de relâche, quand ils auraient obtenu leur congé définitif. On ne songeait plus à l'Anglais ni à la division française, au *Foudroyant* ni au grand canot; tout était oublié : on trinquait on s'amusait, on déclamait des tirades en style de la cale, on débitait des contes du beaupré, on jouait aux propos interrompus; un laisser-aller complet régnait dans l'auberge de l'*Escadre invisible*, lorsque le gendarme envoyé par le préfet pénétra dans la grand'salle.

— Monsieur l'aspirant de service, demanda-t-il.

— A votre santé, gendarme, crièrent les matelots.

« Buvons un coup, buvons-en deux,
» A la santé des amoureux ! »

hurla un ténor de la troupe.

Le patron se réveillait en quelque sorte ; il eut besoin de se frotter les yeux avec les paumes des mains avant de répondre :

— Ah ! l'aspirant, M. de Kéravel, là-bas, à la grande barraque jaune de madame la commandante, là où vous voyez deux rangs de peupliers au port d'armes comme des *tourlouroux*. Il m'a chargé de vous indiquer son gisement. A vous de mettre le cap dessus.

Au souvenir qu'il venait d'évoquer, le vieux marin acheva de se dégriser, et après avoir donné un long coup de sifflet ;

— Embarque ! embarque ! Rallie au pont ! cria-t-il d'une voix de stentor : *Foudroyant, Foudroyant*, embarque !

Les canotiers se chargèrent de leurs petits paquets, qui consistaient en provisions et ustensiles pour les camarades du bord ; le père Palanquin fit les plus tendres adieux à la mère Barberousse ; Croche-Cœur prit congé de la jolie Suzette et sortit le premier, mais il ne se rendit pas à l'embarcation. Il pensait bien que l'aspirant reviendrait trouver la jeune fille, son plan était combiné à l'avance ; il alla se remettre à l'affût derrière un tronc d'arbre. Ses compagnons passèrent sans le voir. Suzette les avait suivis jusqu'au perron ; et, comme ils partaient, elle cria :

— Adieu, Jean-Pierre ; adieu ! Au revoir !

Jean-Pierre entendit, et se garda de répondre : elle supposa qu'il avait été envoyé en avant par le patron, et revint se placer sur cette même éminence, d'où l'on voyait si bien les mouvements de la rivière.

Frédéric ne se fit pas longtemps attendre ; il courait à toutes jambes.

## CHAPITRE II.

### Le coup de sabre.

Le vent de nord-ouest avait graduellement augmenté, le jour baissait d'une manière sensible, le séjour de l'embarcation au Vergeroux s'était prolongé bien au delà de la limite présumée, par suite de retards survenus à la préfecture maritime. Les paquets officiels étaient cependant des plus pressés, le gendarme venait de transmettre à Frédéric l'ordre formel de se rendre immédiatement à bord. La marée avait eu le temps d'achever de monter et de descendre entièrement, le flux avait lieu de nouveau; le grand canot se trouvait donc dans la nécessité de refouler brise et courant contraires, ce qui est d'une extrême difficulté à l'embouchure de la Charente. Mais l'aspirant savait que les plis dont il était chargé avaient une grande importance, il résolut de triompher des obstacles et de regagner la rade le plus promptement possible. Aussi, ce ne fut pas sans une sorte de remords qu'il accosta Suzette de nouveau; il comptait pourtant sur les quelques minutes indispensables aux canotiers pour démarrer l'embarcation. Il s'adressa à la jeune fille d'une voix entrecoupée tant il avait couru.

— Je n'ai qu'une minute, une seule, lui

dit-il; le service m'appelle à bord, écoute-moi bien, je t'en supplie. J'ai passé une demi-journée avec Joséphine, je n'ai pas su en profiter; plusieurs tête-à-tête se sont offerts naturellement: pendant le dîner auquel madame Richemont m'a invité, j'étais placé à côté d'elle, je n'ai rien osé lui révéler de ce que je ressens; mais je suis plus épris que jamais. Dis-le lui pour moi, je t'en prie en grâce, tu le peux, tu la vois chaque jour, ma bonne Suzette. N'est-ce pas, tu veux bien te charger de mon bonheur? je te devrai plus que la vie.

— Que vous êtes étonnant, monsieur Frédéric! un joli garçon comme vous, qui avez de l'éducation et qui parlez si bien quand vous voulez, manquer ainsi de courage au bon moment, c'est impardonnable. Ah! par exemple, Croche-Cœur et les autres ne se gênent pas tant avec moi. Mais vous-même, là, quand vous vous y mettez, vous me faites des petits compliments tout gentils, vous êtes charmant, vos drôleries m'amusent à mourir de rire. Et puis vous êtes sérieux, taciturne, auprès de celle que vous aimez ! Encore si elle était fière ou dédaigneuse, comme il y en a, ça se comprendrait; mais mademoiselle Joséphine est tout à fait bonne et complaisante. Pourquoi donc avez-vous peur ainsi ?

— C'est vrai, je le confesse, je suis un sot, un franc imbécille, un niais.

— Ah ! monsieur Frédéric, je n'ai pas dit ça !

— C'est plus fort que moi, je n'ose avancer. Je t'en conjure, ma chère amie, viens à mon secours ou je suis perdu.

— Avec plaisir; seulement permettez-moi de vous gronder.

— Gronde-moi tant que tu voudras, pourvu que tu lui dises que je l'adore.

— Je le lui dirai.

L'aspirant insistait sur les mille choses que Suzette devait apprendre confidentiellement à Joséphine; et comme la jeune fille s'y prêtait de bonne grâce et avec zèle, il ne se contint pas plus que le matin même :

— Tu es un bijou, parole d'honneur! s'écria-t-il; si je n'étais fou de Joséphine comme je le suis, je le serais de toi; je me déclarerais ton chevalier en titre, bon gré, mal gré; je voudrais te donner la terre, la mer et les poissons par dessus le marché, mais je ne puis que te donner adieu. Adieu donc, ma belle enfant, au revoir !

A ces mots, l'aspirant l'embrassa et voulut se sauver vers le canot, elle le retint.

— Ah ça, monsieur Frédéric, je vous défends de m'embrasser comme ça. Savez-vous que Croche-Cœur vous a vu tantôt; il m'a fait une scène affreuse.

L'aspirant se prit à rire et s'éloigna.

— Pense à mon amour, répéta-t-il avec chaleur; si tu veux me rendre le plus heureux des hommes, écris-moi.

— Oui, monsieur Frédéric, c'est convenu, fiez-vous à Suzette...; je vous écrirai.

L'aspirant courut alors à l'embarcation, mais avant de tourner dans le chemin qui menait droit au pont, il ne put s'empêcher de jeter un dernier regard d'amoureux sur la demeure de Joséphine. Cet instant d'extase permit à Croche-Cœur d'arriver à temps, quoiqu'il fût obligé de ramper afin de n'être pas aperçu.

Le gabier, de derrière son tronc d'arbre, n'avait encore saisi que des lambeaux de conversation; mais il avait malheureusement entendu les mots d'amour si souvent répétés, les témoignages d'amitié de Suzette, les compliments échangés de part et d'autre, enfin son propre nom mêlé à tout cela comme une dérision amère. Rien de ce qui devait compléter son erreur ne lui avait échappé, ni le second baiser, ni la promesse positive d'un *je ne sais quoi* que la jalousie interprétait, ni la lettre finale accordée avec hésitation comme une faveur.

— Elle a pu me tromper une fois, dit-il, elle ne me trompera pas deux. Ah! Suzette, que je revienne à terre, je dirai tout. La mère Barberousse connaîtra votre conduite. Quant à l'aspirant, qu'il veille à lui, je me vengerai.

— Eh! bien, coureur, d'où arrives-tu? Toujours à la traîne, dit le père Palanquin à Croche-Cœur. Un autre jour je ne te prendrai plus dans mon canot: tu n'es pas de son armement réglementaire; cent autres voudraient venir en remplaçant, et pour me remercier, tu risques deux fois dans une corvée de me faire punir.

Les arrière-pensées du gabier lui suscitèrent une réponse qu'il n'eût pas faite en tout autre occasion :

— Dam' père Palanquin, je ne voyais pas le grand besoin de se presser, puisque nous serons encore ici demain matin.

— Plaît-il ?

— Avec cette brise du nord-ouest et ce flot de foudre, il n'y a pas de danger que nous gagnions le bord. Allez, la mère Barberousse vous reverra tout à l'heure, bien sûr !

L'aspirant descendit dans le canot, s'enveloppa dans son manteau et commanda :

— Pousse au large !

— Pousse ! répéta le patron.

Les rameurs se courbèrent sur les avirons.

Pendant quelque temps, on côtoya la rive, à l'abri des terres et à l'aide du contre-courant.

Frédéric repassait dans sa mémoire les nombreux épisodes de la journée. Suzette lui avait donné bonne espérance, elle lui avait dit quel intérêt Joséphine paraissait prendre à lui; madame Richemont, d'un autre côté, l'avait accueilli avec distinction comme l'aspirant favori du commandant; plusieurs fois elle avait laissé sa nièce faire seule les honneurs du salon; après le dîner, il avait offert le bras à la jeune fille pour la promenade dans le jardin, et avait au moins causé un peu, bien que le courage lui eût manqué pour faire allusion à son amour, mais il était parvenu à se faire écouter avec plaisir; elle lui avait souri plusieurs fois. La dernière promesse de Suzette achevait de le rendre heureux.

A vingt ans, un sourire, une parole, un regard de celle qu'on aime, suffit à tout jeune homme qui, comme Frédéric n'a presque pas fréquenté le monde. Depuis plus de six mois, mademoiselle Brissart était l'unique objet des pensées de l'aspirant: Pour l'entrevoir il aurait bravé mille périls, il eût même affronté la colère de son capitaine dont la sévérité était proverbiale dans la division.

Tandis que Frédéric s'abandonnait complaisamment à ses pensées, Palanquin, la barre du gouvernail en main, se demandait s'il était bien urgent de retourner à bord par un aussi mauvais temps ; Croche-Cœur méditait le moyen de se venger ; les canotiers disaient : — C'est dommage d'avoir été forcés de partir, nous étions si bien en train! N'eût-il pas mieux valu passer la nuit à l'*Escadre invisible* que dans ce grand canot de malheur? Quelques-uns plaisantaient et jouaient sur les mots; la plupart répétaient qu'on ne pourrait jamais étaler le courant, et qu'après avoir bien trimé, il faudrait revenir au Vergeroux.

Le gabier comprit avec joie que son projet fermentait chez ses camarades; sa réponse au patron avait de l'écho. Il remarqua en même temps qu'après la pointe voisine, les terres ne s'opposeraient plus à l'action du vent, et que le courant serait dans toute sa force.

Cependant le soleil était couché, un pâle crépuscule durait encore, des nuages blanchâtres déchirés en bandes transversales sillonnaient le ciel, la lune apparaissait par intervalles dans des flaques d'un bleu foncé, les lames tumultueuses de la rivière étaient courtes et dures, le canot fatiguait horriblement.

Tout à coup, on débouqua du petit promontoire que Croche-Cœur attendait et que les riverains appellent la Pointe-Sans-Fin ; une violente raffale siffla au-dessus des rameurs, de larges paquets d'eau tombèrent à bord. Quelques murmures se firent entendre sur les bancs de l'avant; Frédéric seul ne s'aperçut de rien, il en était de ses rêveries à la lecture de la lettre promise par Suzette, et les mots : *Elle vous aime!* flamboyaient dans son imagination en caractères fantastiques.

Un quart d'heure s'écoula encore en lutte presque inutile contre le vent et la marée, les canotiers fatigués faisaient signe au patron de ne point gouverner en route, eux-mêmes ne pesaient plus sur les avirons; l'embarcation, abandonnée ainsi à des puissances contraires, recula promptement jusqu'à l'abri de la hauteur; la violence du nord-ouest ne se fit pas sentir.

Cette circonstance rappela Frédéric à lui, et mit fin à ses délicieux châteaux en Espagne. Les instincts du marin n'avaient pas été blessés tout à l'heure par l'accroissement subit de la brise, ils l'étaient par sa diminution instantanée. Il sortit de sa léthargie amoureuse, comme un homme endormi que la cessation d'un grand bruit éveille en sursaut.

— Holà! patron, où sommes-nous?

— Vous voyez, monsieur, derrière la Pointe-sans-Fin; nous l'avions doublée tout à l'heure, et voici que nous culons.

— Retournons au Vergeroux; à terre! à terre! dirent les matelots.

— Ah! ah! qu'est-ce que c'est, s'écria

Frédéric, avant! avant! nage un bon coup! souquez les avirons!

— On est éreinté, murmura Croche-Cœur, et tout ça pour rien.

— Ce n'est pas l'embarras, ajouta Palanquin, voici deux heures qu'ils s'échinent; nous n'avons pas fait trois quarts de lieues.

— On nagera! j'en réponds, s'écria l'aspirant en se débarrassant de son manteau; toi, Palanquin, gouverne droit!

— Oui, monsieur.

— Avant! vous dis-je.

De sourds murmures circulaient de bouche en bouche; d'une part, trois ou quatre heures de nage au moins, par un temps affreux, car la brise fraîchissait toujours, la température devenait glaciale, les lames balayées retombaient sur les canotiers en pluie fine et pénétrante; de l'autre, les douceurs de l'auberge : bon feu, bonne table bon vin, agréables visages d'hôtesses, bon lit au besoin; l'alternative n'était pas douteuse.

— Ne nageons plus! dit une voix.

— Hein? fit sévèrement Frédéric.

— Ne nageons plus! ne nageons plus! se disaient tout bas les canotiers.

— Bon! bon! pensait Croche-Cœur, en excitant ses camarades à la résistance.

— Silence! et avant partout? Gouverne comme il faut, Palanquin.

Le patron avait pu favoriser le désir de ses camarades par quelques faux coups de barre, et contribuer ainsi au prompt recul du canot; mais à présent que l'émeute grondait, il était déterminé à rester dans le devoir et à seconder l'aspirant de toutes ses forces.

— Allons, enfants, c'est un coup de collier à donner. Voyons ! ne perdons pas courage, dit-il.

— Oh ! hé ! on voit bien qu'il ne nage pas, le vieux chameau, dirent confusément les canotiers.

Ils se donnaient des coups de coude, et se répétaient à l'oreille les uns aux autres :

— Levons rame ! levons rame !

Frédéric, voyant qu'on ne doublait pas la pointe, bondissait de colère; deux fois il arracha la barre des mains de Palanquin en lui disant :

— Fais-les nager !

Deux fois il lui rendit la direction du gouvernail en s'élançant du côté des matelots.

Tout à coup ils levèrent leurs avirons horizontalement, le vent et la marée agirent seuls sur le canot qui dériva avec vitesse.

— Laissons-les en travers dans l'eau, disaient quelques voix, le courant prendra dessus; nous rallierons plus vite le Vergeroux.

— Mâtons-les en l'air, ils feront voile au vent, nous culerons comme la foudre.

— Ah! ah! reprit Frédéric, on ne nage plus! à mon tour donc!

Il tira son sabre et commanda : Nagez.

Des rires ironiques retentirent à l'avant; aussitôt les uns laissèrent traîner leurs pelles, les autres les dressèrent perpendiculairement; Croche-Cœur fut de ces derniers.

— Monsieur, dit Palanquin, les ferrures du gouvernail sont ébranlées, laissons arriver.

— Non! non!

Une lame embarqua dans le canot qui, n'ayant plus de vitesse propre, présenta la joue au courant.

— Vous nagerez, ou nous coulerons ! Comment ! on peut se battre cette nuit, et vous voulez retourner à terre !

— Blague d'aspirant, répondit une voix moqueuse.

Rien n'était plus vrai, cependant. Frédéric supposait que les dépêches dont il était porteur ordonneraient ou permettraient à l'amiral de livrer combat. Il savait, du reste, que les Anglais faisaient de leur côté des préparatifs d'attaque; enfin sa corvée était de retourner directement à bord, il voulait s'en acquitter à tout prix.

La rébellion avait subitement atteint des proportions menaçantes; sous l'influence des libations nombreuses de la journée, les hommes les plus calmes d'ordinaire prenaient parti pour les révoltés; le gabier, que la jalousie aveuglait, donnait l'exemple, lui qui, en toute autre circonstance se fût hâté d'obéir.

En moins de temps qu'il n'en faut pour le dire, le jeune homme eut pris sa résolution. Il tira son sabre et s'adressant au premier rameur de l'arrière; c'était Croche-Cœur :

— Chef de nage, dit-il, je t'ordonne de nager.

Personnellement sommé d'obéir, le matelot était passible d'un conseil de guerre s'il n'exécutait pas l'ordre de l'aspirant. Toutefois, il avait compris que, s'il se soumettait, chacun de ses compagnons, interpellé de la même manière, se soumettrait aussi :

— Non! dit-il.

Ce refus formel, en temps de guerre, au moment d'une sédition, entraînait la peine de mort. Le gabier le savait; mais que lui importait la vie; Suzette ne l'aimait plus, et M. Kéravel était son rival. Transporté, hors de lui :

— Vengeance! vengeance! cria-t-il en ébranlant sa lourde rame qu'il dirigea sur Frédéric, de manière à le frapper obliquement et à le jeter à la rivière.

Un rayon de lune qui passait à travers les nuages permit à Palanquin de voir le mouvement; il abandonna la barre et para le coup d'aviron.

L'aspirant leva son sabre. D'un geste rapide, il frappa Croche-Cœur au défaut de l'épaule; des flots de sang s'échappèrent de la blessure.

Un silence d'une seconde suivit.

Frédéric commanda :

— Nagez, vous autres! avant tout!

Une lame épouvantable tomba dans le canot en ce moment, et un cri d'horreur s'échappa de toutes les bouches.

— Les lâches, ils me laissent assassiner! vociférait Croche-Cœur en accablant l'aspirant des plus grossières injures.

Les avirons étaient à la mer. Palanquin avait reprit la barre ; Frédéric, le sabre en main et violemment ému, n'entendit pas d'abord les insultes du gabier baigné dans son sang.

Un silence profond ne tarda pas à régner de nouveau.

Croche-Cœur, furieux, se releva. Il avait été grièvement blessé ; mais il ne prétendait pas céder si tôt :

— Tu peux me faire fusiller! je veux me venger d'abord. Ah! tu fais la cour à Suzette! elle t'aime! tu l'embrasses! Meurs! meurs! assassin!

En proférant ces menaces, le gabier relevait sa rame du bras qui lui restait, il n'eut ni le temps ni la force d'en faire usage;

Frédéric dédaigna même d'user de nouveau de son arme, car la discipline était rétablie dans le canot.

— Palanquin, fais-le amarrer sous les bancs, et qu'on lui mette un bâillon, dit-il en prenant la barre du gouvernail.

La lutte ne fut pas longue; en moins de trois minutes, Jean-Pierre se trouva garroté et bâillonné.

— Avant! souquez ferme! rattrapons le temps perdu, commanda Frédéric avec calme.

Palanquin arma l'aviron du blessé; l'on doubla bientôt la Pointe-Sans-Fin pour la dernière fois.

Une consternation muette avait remplacé les causeries; Frédéric songeait à ce qu'il devait faire maintenant. Les canotiers, rentrés dans la subordination, tremblaient des conséquences de leur faute; et, comme pour la racheter, ils ramaient avec une vigueur incroyable; chacun d'eux examinait sa conscience, tous étaient effrayés du sort qui menaçait Croche-Cœur.

Lorsqu'on approcha de la rade, le patron n'y put tenir; il rentra son aviron et s'approcha de l'aspirant.

— Ne le perdez pas, monsieur Frédéric, dit-il d'une voix émue; si vous saviez comme c'est un bon matelot!

— A votre rame, Palanquin, et avant partout! répondit le jeune homme.

— C'est que, voyez-vous, ce serait mon fils que je ne l'aimerais davantage; un bon cœur, un garçon solide qui n'a jamais manqué une seule autre fois. Auriez-vous bien le courage de le faire fusiller!

— A votre banc! vous dis-je, à votre banc! et silence!

Le vieux patron se tut, mais il ne put

contenir ses larmes, qui coulèrent abondamment sur le fatal aviron. Frédéric l'entendit plusieurs fois sangloter à son poste de nage; cependant il ne lui adressa pas la parole.

En entrant dans la baie, le grand canot rencontra une chaloupe de ronde; l'aspirant répondit au *qui vive!* par le nom de son vaisseau, échangea le mot d'ordre avec l'officier, et le canot se dirigea sur le *Foudroyant*.

Des fanaux hissés en tête des mats indiquaient la position des navires de la division; le cri : *Bon quart!* était renvoyé par les factionnaires de chaque bâtiment, et répété depuis la tête jusqu'à la queue de la ligne. Une heure du matin venait de tinter.

Toutes les fois que le grand canot passait le long d'un vaisseau, le porte-voix de veille faisait entendre la formule réglementaire :

— Ho! de la chaloupe!

Frédéric répondait :

— *Foudroyant!*

Lorsqu'on fut par le travers du *Cassard*, mouillé à côté du vaisseau du commandant Richemont, le patron se jeta aux pieds de l'aspirant :

— Grâce! grâce! ne le dénoncez pas, monsieur de Kéravel; dites que c'est moi qui lui ai donné ce coup de sabre à terre, étant ivre, personne ne vous démentira, et si l'on fusille le vieux Palanquin, il vous en sera reconnaissant. J'ai fini mon temps; moi, je suis une carcasse démâtée plus bonne à pas grand'chose; mais Croche-Cœur, lui, c'est un jeune homme, un bon sujet, vous le savez bien : il n'a pas su ce qu'il faisait. Un enfant que j'ai tenu sur mes genoux comme il venait de naître; son père et moi, nous étions les deux doigts de la main, la vergue et le raban, deux amis, deux matelots fieffés; il me l'a laissé à ma garde en mourant, à bord de la *Montagne*, dans un combat. Voyez-vous, c'est mon fils, c'est plus que mon fils. Voici douze ans qu'il navigue dans mes eaux; ne le tuez pas, monsieur de Kéravel, ne le tuez pas, mon pauvre mousse!

— Tous les canotiers sont coupables, excepté vous, Palanquin; vous ne sauriez être puni même légèrement.

— Faites-moi fusiller! Mon Dieu! mon Dieu! prenez pitié de mon enfant! Grâce! grâce! monsieur, grâce! au nom de votre mère.

— Silence! dit l'aspirant; à la barre, Palanquin!

— Pitié! pitié! répéta lamentablement le

patron en se rendant à son nouveau poste.

—Attention à gouverner! prenez du tour pour accoster; pas un mot de plus.

— Ho! de la chaloupe! hêla tout à coup la sentinelle du *Foudroyant*.

Cette voix lugubre, qui retentissait au milieu de la nuit par le temps sombre et la brise stridente qui soufflait, fit à Palanquin l'effet d'un glas funèbre.

— Monsieur! monsieur!... grâce! murmura-t-il encore d'une voix étouffée.

— Silence!

L'on accosta.

— Vous allez introduire Croche-Cœur par le sabord de la batterie basse, vous le porterez tout de suite au poste des blessés, et vous éveillerez l'infirmier... Pas un mot, patron, vous dis-je.

Cette dernière scène avait porté à l'extrême la terreur des canotiers. Le bruit courait dans l'escadre que l'amiral tenait à faire un exemple contre les actes d'indiscipline qui se renouvelaient trop fréquemment, surtout dans les corvées isolées. A l'exception de Palanquin, les matelots étaient tous compromis ; l'air froid et réservé de Frédéric leur semblait d'affreux augure :

— Il était donc bien irrité, pensaient-ils, puisque son acte de violence n'avait pu calmer sa colère. Lui d'habitude assez communicatif, et toujours disposé à traiter familièrement les anciens de la cale, avait impitoyablement rendu muet l'honnête père Palanquin ; il ne le tutoyait plus.

Quand il monta à bord, un soupir douloureux s'échappa de toutes les poitrines ; le jeune homme ne daigna pas tourner la tête.

— Nous sommes perdus, s'écria le patron en faisant démarrer et débâillonner Croche-Cœur, qui seul ne se repentait pas encore de sa faute.

— Pourquoi m'as-tu arrêté? disait-il à Palanquin qui pleurait; le brigand n'irait pas faire un rapport contre vous, je serais seul coupable de tout, je serais vengé. Suzette m'a trahi pour lui, je le sais, je l'ai vu.

— Tu meurs pour une fille, Jean-Pierre, et tu n'as pas songé à moi, ton second père, que tu abandonnes?

Croche-Cœur serra la main du vieux matelot et ne répondit pas.

Cependant Frédéric était descendu chez le commandant Richemont.

Un autre canot fut immédiatement expédié à l'amiral Allemand, pour lui remettre les dépêches de la préfecture maritime.

Le lendemain, à neuf heures du matin, le commandant Richemont faisait comparaître devant lui Frédéric de Kéravel. Le mécontentement de l'officier supérieur se lisait sur sa figure, sa voix était rude et brève. Quoique ses paroles ne sortissent pas des bornes d'une politesse rigoureuse, elles étaient dures et offensantes par l'accent tantôt irrité, tantôt méprisant, dont elles étaient accompagnées.

L'ironie d'un chef, lorsqu'elle n'est pas grossière par la forme, est un fer rouge qui brûle le cœur. On repousse facilement l'injure triviale d'un ours de mer, il faut supporter en silence les outrages d'un capitaine qui n'outrepasse point les limites convenables. En discipline militaire, la lettre est tout, l'esprit n'est rien, il ne peut en être autrement.

M. Richemont était d'une école bien opposée à celle de l'amiral Allemand; il n'adressait jamais à ses officiers un seul reproche indécent ou même de mauvais goût; il n'était pas homme à lever la main sur eux, comme l'officier général que nous venons de nommer. Sa colère pouvait déborder, sans que sa bouche se souillât d'une épithète des halles ou d'un juron de cabaret.

Lorsque Frédéric entra dans sa chambre :

— Je vous ai adressé des éloges cette nuit, lui dit-il, pour votre retour à bord malgré vent et marée. Je ne savais pas alors, monsieur, que vous me cachiez un ait dont je tiens à avoir l'explication.

L'aspirant ne repondit rien ; le commandant poursuivit :

— Un de nos hommes a reçu un coup de sabre ; il dit que c'est vous qui le lui avez donné ; le chirurgien-major, dans son rapport du matin, me l'a appris. Il était de votre devoir de m'en rendre compte dès votre retour à bord.

— Je vous ai exactement rendu compte de ma corvée, commandant ; je vous ai dit que les dépêches ayant été retardées à la préfecture, je n'ai pu pousser qu'avec le commencement du flot, que le vent de...

— Bien ! bien ! monsieur, je sais tout cela ; mais ce coup de sabre ?

— Rien de semblable n'est venu à ma connaissance.

— Vous jouez-vous de moi ?

— Non, commandant ; et pour vous le prouver, puisque nous sommes seuls, et que personne ne peut m'entendre, dit l'aspirant en jetant un regard rapide autour de lui, je vais tout dire, sous le sceau du secret, *à M. Richemont*.

— Monsieur, interrompit le capitaine de vaisseau, pas de demi-confidences, nous sommes en service.

— Il suffit, commandant; je ne sais rien.

— Parlez, je l'exige.

— Je ne parlerai qu'à M. Richemont, quoiqu'il puisse arriver.

La colère du commandant augmentait en raison de l'étrange sang-froid de l'aspirant. Jamais il n'avait éprouvé semblable résistance de la part d'un subalterne; ses yeux lançaient des éclairs, il trépignait d'impatience.

Frédéric ne lui laissa pas le temps de faire explosion, il continua en baissant la voix et avec volubilité :

— Mes hommes se sont révoltés; je me suis vu forcé de frapper le chef de nage, tout est rentré dans l'ordre aussitôt; mais je trouve Croche-Cœur assez puni et, je le déclare, je ne ferai de rapport ni contre lui ni contre aucun autre.

— Vous en ferez un, monsieur s'écria le commandant.

Frédéric répliqua avec la fermeté d'un homme qui a pris une résolution inébranlable :

— Ce serait la mort du principal coupable, des peines infamantes pour les autres; je ne ferai pas de rapport.

— Votre devoir le commande, et je vous l'ordonne.

— J'ai l'honneur de répéter à mon commandant, dit Frédéric, reprenant sa voix ordinaire, que ce coup de sabre n'est pas venu à ma connaissance : Croche-Cœur ne peut l'avoir reçu qu'à bord, après le retour du grand canot, où tout s'est parfaitement passé malgré le mauvais temps. Je n'aurai pas d'autre réponse à faire au conseil d'enquête, si l'on en convoque un à ce sujet.

Après cette déclaration, l'aspirant affecta la pose calme d'un spectateur désintéressé dans la question et attendit.

Le capitaine de vaisseau se promenait à grands pas dans la galerie ; cinq minutes s'écoulèrent de la sorte.

— Je comprends bien, monsieur, s'écria le commandant s'arrêtant tout à coup ; je comprends que vous vous refusez à déclarer officiellement la vérité. Vous voulez faire de la générosité, de la popularité peut-être aux dépens de la discipline. Il n'en sera rien ; je saurai vous contraindre à m'adresser un rapport par écrit. Le conseil jugera les coupables, et périsse le chef de la sédition, s'il le faut! Je ne sais point transiger avec le devoir, moi! Dans une heure, monsieur, je compte sur votre pièce d'accusation ; allez.

Frédéric ne bougea point ; il regarda l'officier supérieur d'une manière interrogative qui acheva de le mettre hors de lui.

— Je vous jetterai à la Fosse-aux-Lions ; vous y garderez les arrêts indéfiniment dussiez-vous mourir à la peine. Un aspirant ! braver mes ordres et ceux de l'amiral !... Un aspirant, se refuser à obéir aux dépêches ministérielles, à la volonté expresse de l'empereur! Un petit aspirant !... Allons, allons, mon ami, vous ferez votre rapport.

Le jeune homme, pâle et tremblant de colère, se contenta de hocher la tête.

Le commandant changea de ton brusquement ; il abandonna la forme impérieuse, ironique ou menaçante, et reprit d'une voix posée :

— Prenez-y garde, monsieur de Kéravel, votre avenir militaire est compromis; je puis vous traduire vous-même devant un conseil martial : vos hommes vous trahiront, vous serez cassé, condamné à mort, peut-être. Songez que nous sommes devant l'ennemi, songez que votre dénégation légalement prouvée est à la fois une faute de lèse-discipline, qui vous place dans la position de chef de complot, et un refus formel d'obéir; car je vous ordonne de nouveau, au nom de la loi et de l'empereur, de m'adresser une plainte par écrit.

— Je sais tout cela, commandant; mais puis-je faire un rapport lorsque je n'ai rien vu? Rien d'extraordinaire, je le déclare officiellement, ne s'est passé dans le grand canot; le blessé a fait un mensonge qui m'est nuisible ; mais...

— Assez ! assez ! rendez-vous immédiatement à la Fosse-aux-Lions.

Frédéric salua profondément sans affectation; M. Richemont lui rendit son salut d'un air sec.

La chambre commune, ou poste des aspirants, à bord du vaisseau le *Foudroyant*, était située dans la Sainte-Barbe, à la partie arrière de la batterie basse. Ce fut là que l'aspirant se dirigea d'abord. Ses camarades étaient tous sur le pont. Rafiau le mousse achevait d'ôter le couvert du déjeûner et de balayer. Frédéric l'appela.

— Tu vas porter mon pliant, ma flûte et ces livres à la Fosse-aux-Lions, et aussitôt tu monteras dire à M. de Guimorvan de venir m'y voir, sans perdre une minute. Marche, trotte, cours vivement.

Le petit garçon s'empressa d'exécuter ces ordres ; mais déjà des bruits étranges s'étaient répandus : les anciens l'avaient interrogé et il n'avait pu répondre : il se promit bien de savoir au juste ce qui s'était passé. Aussi, dès qu'il eût achevé son service habituel dans le poste il se glissa silencieusement et à la faveur de l'obscurité dans la coursive contiguë à la Fosse-aux-Lions.

Edmond de Guimorvan écoutait déjà attentivement le récit de Frédéric.

—... Il m'a cru son rival, il ne savait pas que je n'étais si empressé auprès de Suzette qu'à cause de Joséphine. Sa jalousie, irritée par ce qu'il venait de voir et d'entendre tout de travers, a seule été cause de tout. Je m'en suis bien aperçu à ses insultes, à sa colère, à son mépris pour la vie. N'a-t-il pas eu la sottise de se dénoncer lui-même au docteur! Mais je suis coupable aussi par imprudence, j'ai eu tort d'embrasser Suzette, de la traiter aussi sans façon; il devait s'y tromper, c'est naturel. D'ailleurs, c'est un brave et digne matelot, un excellent homme que j'affectionne particulièrement : je ne le perderai pas. Le père Palanquin m'arrachait l'âme avec ses plaintes. La peur des autres me donne encore envie de rire.

— Tu plaisantes quand le commandant est en fureur; il a pris son air pincé, c'est mauvais signe. Le cas est grave, l'amiral ne te pardonnera pas.

— C'est vrai! mais que ferais-tu à ma place?

Edmond réfléchit quelques secondes, puis serrant la main de son ami :

— Je ferais comme toi.

— J'en étais sûr, s'écria Frédéric.

Et les deux aspirants s'embrassèrent.

— L'indiscipline la plus redoutable n'est

ni celle des matelots, ni la nôtre, reprit le jeune Guimorvan ; ce sont les commandants et les amiraux qui devraient les premiers donner l'exemple de l'obéissance. Mais je cause quand il faut agir. Il faut dire aux canotiers de tout nier ; il faut que Croche-Cœur prétende désormais avoir reçu ce coup de sabre dans l'obscurité, en allant à son hamac. S'ils se contredisent tu es perdu et tu ne sauves personne. Je vais faire la leçon au père Palanquin.

Frédéric à son tour eut un instant d'hésitation, mais généreux comme on l'est à vingt ans, il pensa que son ami se compromettrait par une semblable démarche, et bien qu'il appréhendât aussi les révélations indirectes des matelots :

— Non ! non ! je te le défends, dit-il, advienne que pourra ! Mais vois-tu, j'ai bon espoir ; ils ne me trahiront point !

Heureusement Rafiau avait tout entendu, tout compris. Déjà il était sur le pont, où il racontait confidentiellement au patron la conversation des deux aspirants.

Un quart-d'heure après, le capitaine d'armes du *Foudroyant* entra dans la Fosse-aux-Lions, son fanal de corne à la main.

— Monsieur de Kéravel, dit le sous-officier.

— Présent! répondit Frédéric.

— Je suis chargé, par le commandant, de vous dire que vous êtes aux arrêts forcés et au secret jusqu'à nouvel ordre. Il vous est défendu de communiquer avec qui que ce soit; votre mousse vous portera à manger devant moi; vous n'aurez pas de lumière; aucune lettre ne vous sera remise avant que vous ne sortiez d'ici. Je suis fâché, monsieur, d'avoir d'aussi mauvaises nouvelles à vous apporter.

Edmond se vit forcé, pour obéir à la consigne de l'adjudant de police, d'abandonner immédiatement son ami.

Le lieu de détention des aspirants, communément appelé Fosse-aux-Lions, dans la pratique, n'est pas, à bord d'un vaisseau de ligne, la Fosse-aux-Lions proprement dite. Celle-ci sert de logement au premier maître de manœuvre. L'autre, pompeusement décorée du nom de magasin général, est un compartiment triangulaire, situé à l'avant de cale, assez étroit, manquant d'air, obscur infect et malsain. En 1809, on n'en avait pas encore fait une espèce de boutique de quincaillerie, sinon habitable, du moins parfaitement propre.

Frédéric était condamné à passer un temps indéfini dans un réduit étouffant, infesté de rats et d'insectes, au milieu des caisses d'huile, de graisse et de peinture, de cordages goudronnés et d'une foule d'autres objets d'approvisionnement d'une odeur nauséabonde. Il n'avait, pour toute compensation, que le sentiment exalté de sa noble résistance; pour toute distraction, que sa flûte, ses rêveries amoureuses et ses inquiétudes.

Lorsqu'Edmond fut parti, Kéravel entendit le sous-officier poser un soldat de marine en faction auprès du panneau, et lui transmettre littéralement la terrible consigne du commandant. Il se trouvait donc séquestré du reste du monde; car les sentinelles étaient incapables de transgresser les ordres reçus, le capitaine d'armes incorruptible, Rafiau muet quand, en présence du rigide adjudant, il venait apporter les repas de son maître. Les précautions, du reste, avaient été poussées jusqu'aux plus minutieux détails, afin de convertir complétement la Fosse-aux-Lions en oubliettes sous-marines. Pas un chant, pas une conversation à haute voix n'étaient tolérés aux alentours. L'aspirant ne devait sortir sous aucun des prétextes qu'ont à leur disposition les prisonniers ordinaires. Tout était prévu. On voulait qu'il ne pût lire le moindre billet. L'écoutille du magasin général, qui ne laissait point passer assez de clarté pour qu'on distinguât la nuit du jour restait constamment ouverte sous les yeux du soldat de garde et rendait impossible toute tentative d'allumer une bougie.

L'on sait, du reste, qu'en matière de police maritime, battre le briquet, en quelque partie du navire que ce soit, est un crime qui entraîne les plus rigoureuses peines.

Malgré sa dure captivité, Frédéric, lors même qu'il eût été muni des ustensiles nécessaires, se serait fait scrupule d'enfreindre la loi jusqu'à ce point. L'honneur veut qu'on ne s'expose pas à encourir une condamnation flétrissante, même par une action innocente de sa nature. Mais l'honneur ne défendait pas à Edmond de Guimorvan d'user de ruse pour instruire son camarade de ce qui se passait à bord, à terre et dans la division; et l'amitié lui commandait d'imaginer un stratagème.

Le second jour, lorsque Rafiau porta à dîner à Frédéric, il lui remit un pain en faisant un clignement d'yeux qui échappa au capitaine d'armes, malgré la terne lueur de son fallot portatif. L'aspirant attendit d'être seul pour émietter le pain mystérieux avec précaution. Il y trouva trois cartes à jouer, découpées comme à l'emporte-pièce, à la façon de ces pièces de cuivre qui servent à imprimer des affiches. Les trois cartes étaient attachées les unes aux autres au moyen de fils à voile. Après des tâtonnements de plusieurs heures, il finit par découvrir ces trois mots : *Tout va bien.*

Le capitaine d'armes n'avait pas mission d'empêcher Frédéric de donner ses ordres au petit mousse. Quand celui-ci revint, l'aspirant lui dit :

— Rafiau, tu prieras M. de Guimorvan de ne pas oublier de copier la romance : *Tout va bien;* et de l'envoyer de ma part à la dame à qui je l'ai promise jeudi dernier. Il se rappellera bien ce que je veux dire.

Le mousse fit un signe de tête affirmatif, l'adjudant ne conçut aucun soupçon, Edmond sut ainsi qu'il avait été compris.

Dès lors chaque pain renferma des cartes que l'aspirant prisonnier mâchait et réduisait en pâte après les avoir déchiffrées. Maître de la clé de cette correspondance, il reconnut facilement ensuite à des marques et à des coches faites en marge dans quel sens il fallait tourner les mots, toujours cousus entre eux de manière à former des phrases.

Le jour d'après, il lut sans trop de peine :

« Aucun n'a parlé, ils sont d'accord; Croche-Cœur s'est dédit. Hier, combat de péniches. Deux anglaises coulées. Le commandant a une lettre pour toi. »

Que de choses ce peu de mots révélaient au prisonnier; que de doutes, que de désirs, que de regrets, que de pensées ils éveillaient en lui :

Une lettre! celle de Suzette, probablement; qu'avait répondu Joséphine?

Un combat auquel il aurait pris part, selon toute apparence, sans sa maudite réclusion, et qui pouvait se renouveler demain.

Il frémissait de dépit et d'impatience ; parfois la tentation de faire le fatal rapport se présentait à son esprit, mais il la repoussait avec horreur.

Amour et gloire, tout était donc sacrifié à un sentiment d'humanité que son capitaine interprétait d'une manière odieuse !

Il en venait ensuite à se demander par quel miracle toutes les charges qui l'accablaient avaient disparu ; toutes, jusqu'à celles de ce Jean-Pierre, jaloux, blessé, furieux, dégouté de la vie. Dans son étonnement et sa douleur, il accusait Edmond de trop de laconisme ; il avait doublement tort.

Edmond lui-même ne s'expliquait pas l'unanimité inespérée des grands canotiers. Il se réjouissait de voir son ami à l'abri des dénonciations ; mais l'accord extraordinaire de Palanquin, de Croche-Cœur et des autres matelots avec ses propres projets, leur conduite identique avec celle qu'il eût voulu leur dicter, leur sage modération, leur discrétion, leur prudence redoublaient son admiration, sans lui donner la solution du problème. Il suivait la marche des faits, sans connaître leur origine.

Rafiau se gardait bien de la lui révéler ; le petit mousse, si curieux et si bavard d'ordinaire, se taisait cette fois, car il appréciait toute la gravité des circonstances.

Rafiau avait eu le temps d'instruire Palanquin de tout ce que les aspirants s'étaient dit à la Fosse-aux-Lions ; Palanquin l'avait aussitôt répété à Croche-Cœur. Dès que celui-ci connut l'amour de Frédéric pour la nièce du commandant, ses doutes sur Suzette se dissipèrent ; il adopta immédiatement la version du coup de sabre dans l'obscurité. Les rameurs convinrent également de se renfermer dans la dénégation complète de la révolte.

Un quart-d'heure suffit pour concerter le plan imaginé par Edmond.

Ce quart-d'heure, le commandant l'avait perdu à donner ses ordres au capitaine d'armes. Lorsqu'il fit comparaître à sa barre, l'un après l'autre, chacun des acteurs de la scène, il n'obtint qu'une seule et même réponse. Quand il alla à l'hôpital des blessés interroger Jean-Pierre, Jean-Pierre se retrancha dans un système semblable.

Tous les canotiers furent mis aux fers, le conseil des officiers convoqué pour le jour suivant.

Le chirurgien-major, consulté en leur présence, confirma le premier aveu de Croche-Cœur.

— Mais, ajouta-t-il, l'état dans lequel se touvait cet homme, à l'instant où nous l'avons visité, nous porte à croire qu'il délirait. Les exemples de faits semblables sont assez nombreux pour que nous n'hésitions pas à déclarer publiquement notre opinion; elle est, du reste, appuyée sur une théorie que vous apprécierez. messieurs, et sur des expériences consignées dans les annales de la médecine. Une commotion brusque, une chûte, une blessure, une émotion violente même, surtout après un excès de fatigue, lorsque le corps est surexcité d'une manière anormale, peuvent réagir sur les organes du cerveau et mettre en défaut les plus habiles praticiens. Cela se conçoit facilement. Nous n'étions pas sur nos gardes, nous nous sommes laissé tromper par l'apparence. Revenu de notre erreur, nous ne craindrons pas d'affirmer à présent que le récit actuel du nommé Jean-Pierre est le seul plausible et véridique.

Le docteur ne s'abusait pas lui-même : mieux que personne, il distinguait la vérité, transparente pour tous et certaine pour le commandant ; mais il n'ignorait pas que sa mission était une mission de paix et d'humanité. Il continua donc à appuyer de raisonnements scientifiques, passablement obscurs, une opinion qu'il savait erronée, cherchant à réparer ainsi le mal qu'avait causé son trop fidèle rapport de la veille.

Les grands canotiers, interrogés de nouveau, furent inébranlables dans leur dire ; les preuves manquaient de toutes parts, le commandant avait les mains liées. Frédéric seul pouvait éclaircir le mystère, et Frédéric refusait.

Il ne fut plus question dans le vaisseau que de l'affaire de Croche-Cœur. Tout le monde admirait l'aspirant; mais on craignait que le régime cruel auquel il était soumis ne triomphât de sa constance. Les grands canotiers, toujours aux fers, étaient en proie aux plus affreuses incertitudes. Le blessé, repentant et plein de reconnaissance, pleurait sur sa faute et faisait des vœux ardents pour son sauveur.

Cependant Palanquin était libre par faveur spéciale, mais sans doute à cause de ce rapport confidentiel de l'aspirant qui l'avait signalé comme seul resté dans le devoir. Le capitaine de vaisseau pardonnait d'autant plus volontiers au vieux patron de n'avoir pas avoué la vérité, qu'il le savait innocent et connaissait son affection paternelle pour le principal accusé. D'ailleurs, il estimait réellement le brave quartier-maître. Enfin, quoique sévère jusqu'au fanatisme, le commandant, il faut le dire, ne se voyait pas avec peine dans l'impossibilité de sévir.

L'effet moral était produit sur l'équipage, et cela sans qu'un holocauste humain eût été offert à la discipline. Le matelot sauvé était un excellent serviteur, le protégé de la veuve Barberousse, le fiancé de Suzette. Le commandant tenait à lui par mille points de contact; car, on le sait, le contre-maître Barberousse avait été longtemps le séide de M. Richemont, alors simple officier, et les meilleures relations avaient toujours existé entre celui-ci et la majestueuse hôtesse de l'*Escadre invisible*.

Malgré tout cela, si l'aspirant cédait, les coupables étaient inévitablement traduits devant une cour martiale. Le capitaine de vaisseau regardait comme son devoir d'user de tous les moyens pour forcer Frédéric à parler. Il est des hommes dont le cœur est bon, mais enveloppé d'un parchemin insensible qu'on appelle la consigne. M. Richemont était de ceux-là, sa nature intime ne se trahissait jamais ; à son bord il n'était que capitaine ; son masque, ses gestes, ses expressions, son ton de voix, tout était calculé. Il s'était plié le corps et l'âme au joug le plus rude ; il s'était dompté lui-même, moyen infaillible de dompter ensuite tous ses subordonnés. Du reste, excellent marin et bon officier, il pouvait poser comme modèle du capitaine de vaisseau parfait.

Huit jours s'écoulèrent sans que rien de ce qui se passait transpirât hors du *Foudroyant*.

La blessure de Croche-Cœur était moins sérieuse qu'on ne l'avait supposé d'abord, aucune partie noble n'avait été entamée ; le gabier se trouvait en voie de guérison rapide.

Les canotiers venaient d'être remis en liberté, Frédéric seul restait écroué à la Fosse-aux-Lions.

Tout à coup une rumeur confuse s'éleva des profondeurs de la cale jusqu'au pont supérieur : on venait d'apprendre que le commandant allait interroger de nouveau M. de Kéravel.

L'équipage accourut sur le passage du jeune aspirant, qu'escortaient deux soldats de marine précédés du capitaine d'armes. Lorsqu'il parut, pâle, défait, les yeux rouges et incapables de supporter la lumière du jour, les matelots rangés en haie firent un profond silence, ils se découvrirent avec respect. Çà et là, dans la foule, on voyait quelques grands canotiers confus et tremblants qui n'osaient le regarder qu'à la dérobée ; des bruits étranges circulaient à bord :

— Le commandant veut l'envoyer à l'amiral Allemand.

— Le commandant le fera juger.

— On le condamnera à mort; on le fusillera.

— Le pauvre garçon!

— Le brave jeune homme!

— C'est-il dommage!

— C'est la mère Barberousse et Suzette qui pleureront bien!

— Et nous donc?

— Je me ferais hacher sur la bitte à la minute pour qu'il ne lui arrivât pas de mal, dit un homme au bras en écharpe qui se trouvait à côté de Palanquin.

— Sois tranquille, Croche-Cœur, répondit le vieux de la cale d'une voix grave; sois tranquille, matelot, il y a un bon Dieu au ciel!

# CHAPITRE III.

## Le Combat.

Une heure après, Frédéric sortait de chez l'inflexible capitaine du *Foudroyant;* son escorte le reconduisit à la Fosse-aux-Lions.

Sûr désormais que nul ne trahirait la vérité, l'aspirant avait puisé une force nouvelle dans cette certitude, et pourtant il avait eu à soutenir un violent combat. Il avait vu sur la console de M. Richemont deux lettres à son adresse, timbrées de Rochefort, il ne pouvait douter que Suzette ne lui parlât de son amour. Il avait entendu au loin une vive fusillade : c'était encore un combat de péniches, une de ces actions journalières d'où ses collègues revenaient avec de la gloire et des chances d'avancement. Mais rien ne fit chanceler son courage. Le triomphe qu'il remportait sur ses plus belles passions n'était-il pas plus grand et plus noble qu'un succès momentané sur l'ennemi !

Quand il passa dans les batteries, un murmure flatteur l'accueillit; les matelots voyaient bien qu'il retournait au cachot pour prix d'un second refus.

Cependant le tour de service du *Foudroyant* était revenu; le canot de Palauquin fut de nouveau envoyé au Vergeroux.

Edmond de Guimorvan était de corvée ; on devait passer deux heures à terre. Le vieux patron se dirigea vers l'auberge, où Suzette et la mère Barberousse furent bien surprises de le voir entrer seul, morne et triste.

— Les Anglais ! Croche-Cœur ! ô mon Dieu ! cria la jeune fille effrayée.

— Non ! non ! dit le patron, Croche-Cœur n'a pas été tué par l'Anglais ; il est mieux portant qu'il ne mérite ; laissez-moi dire.

Et il leur raconta tout ce qu'il savait. A chaque instant les deux femmes poussaient des soupirs ; elles finirent par ne plus retenir leurs larmes. Le vieux patron partageait toutes les craintes de l'équipage sur le compte de l'aspirant.

— Et moi qui reprochais à ce bon M. Frédéric de n'avoir pas répondu à mes lettres ! s'écria Suzette. Je conterai tout ça à mademoiselle Joséphine; ça lui fera honneur, à ce pauvre jeune homme! Elle n'ose pas m'avouer qu'elle l'aime; mais je m'en aperçois bien, moi. On a l'œil américain, comme vous dites, père Palanquin. Que va-t-elle penser, que va-t-elle faire à présent? Il faut pourtant le sauver, le tirer de prison, lui rendre le bonheur qu'il nous a donné! Quant à maître Croche-Cœur, il peut s'attendre à être joliment grondé de sa sotte jalousie.

— Allez, mademoiselle Suzette, il n'aura pas besoin de ça. Si vous voyiez comme il se désespère, quand on lui dit que M. de Kéravel passera au conseil! Je le console de mon mieux maintenant, et vous feriez peut-être bien de venir à bord lui rendre un peu de cœur.

— Nous irons, dit la mère Barberousse, et je parlerai à votre commandant, moi!

Ah! par exemple, c'est une indignité! A-t-on jamais vu un mangeur d'hommes pareil, qui voulait faire fusiller mon pauvre Jean-Pierre, et qui maintenant s'en *revenge* sur ce malheureux aspirant! Il l'étouffera dans la Fosse-aux-Lions, bien sûr! Nous irons, père Palanquin, pas plus tard que demain, au jusan de l'après-midi.

Edmond entra dans ce moment, et comprit bien, au jeu des physionomies, de quoi il s'agissait; il prit la jeune fille à part :

— Je sais tout, Suzette, je suis l'ami intime de Frédéric; lui avez-vous écrit?

— Pourquoi ça!

— Je puis lui faire savoir si Joséphine l'aime, oui ou non. Seulement, n'allez pas répéter ceci, au nom de Dieu!

— Mais il est au secret!

— C'est précisément ce qui fait que je

m'expose à être renvoyé du service, si l'on apprend que je communique avec lui.

— Mais il n'a pas de lumière !

— J'ai trouvé un moyen de lui faire déchiffrer quelques mots.

— Eh bien, dites-lui que mademoiselle Joséphine l'aime, ça lui fera toujours plaisir; et puis, voyez-vous, je le crois, j'en suis sûre même. Oui, j'en suis sûre, quoique ces belles demoiselles soient si singulières : elles ne savent jamais dire ce qu'elles pensent. Ce n'est pas comme nous.

Edmond hocha la tête en signe d'assentiment.

— D'ailleurs, je vais chez elle; attendez-moi.

Le lendemain Frédéric trouva dans son pain les mots suivants : *Joséphine t'aime, Suzette me l'a juré.*

Le prisonnier riait et chantait, il embrassait les cartes bienheureuses et attendait avec impatience le jour suivant, espérant avoir quelques renseignements de plus. Le jour suivant Rafiau apporta un pain comme à l'ordinaire; mais Frédéric l'émietta vainement, il ne trouva rien. Trois jours se passèrent ainsi. De temps en temps on distinguait des coups de canon dans le lointain; le vaisseau lui-même tira plusieurs fois.

Du fond de son antre l'aspirant appelait le factionnaire, faisait venir le capitaine d'armes, et le chargeait de demander de sa part, au commandant la permission d'aller au feu. L'inexorable officier faisait répondre par un refus sans commentaires. L'adjudant se conformait à l'ordre reçu, et le détenu au désespoir maudissait jusqu'à ce jour de service qu'il avait passé sous le même toit que Joséphine.

— Sans cette malheureuse corvée, se disait-il, elle me reverrait avant peu victorieux et digne d'elle : j'aurais battu les Anglais, j'aurais conquis l'épaulette d'enseigne et j'oserais déclarer hautement mon amour !

La douleur de Frédéric aurait été bien plus vive cependant, s'il avait su quel tort lui causaient des amis trop zélés.

La mère Barberousse, selon son dessein, était venue à bord avec sa fille ; elle avait abordé de bout-au-corps le rigide capitaine de vaisseau. Alors, livrant passage à son éloquence riveraine, la digne matrone avait dépensé une foule d'arguments indiscrets, qui apprirent au commandant tout ce qu'il ignorait encore de la jalousie de Croche-Cœur contre l'aspirant. Il lui fut facile de deviner que le matelot avait voulu se porter à des voies de fait ; enfin, comme pour compléter les révélations, Suzette arriva avec une dernière et fatale preuve : c'était une lettre de sa nièce. Terrifiée aux nouvelles que lui donnait la fille de l'hôtesse, et cédant à des conseils imprudents, Joséphine avait osé écrire à son oncle en faveur de Frédéric de Kéravel.

M. Richemont ne put réprimer un geste de surprise à cette lecture; mais la question présentait une phase nouvelle, il voulut prendre le temps d'y songer, et renvoya les deux femmes maritimes sans leur avoir donné aucun nouveau motif de crainte ou d'espérance.

Suzette avait vu Croche-Cœur à peu près guéri, et plus affligé que jamais de la détention indéfinie de l'aspirant. Une scène touchante s'était passée entre les deux amans, dont la reconnaissance envers le prisonnier était désormais sans bornes.

La mère Barberousse, voulant user tous

les moyens, avait dit en passant au patron du grand canot :

— Du jour où cette affaire sera heureusement terminée, je te promets de t'épouser.

La respectable hôtesse trouvait dans ses croyances superstitieuses mille raisons d'attacher ainsi son propre mariage au succès de ses vœux pour Frédéric.

— Faites toujours dire des messes pour lui et pour nous, lui répondit Palanquin, nous sommes dans la vase jusqu'à la flottaison ; il n'y a que le bon Dieu pour nous en tirer.

— Tu as raison ; je n'y manquerai pas en descendant à terre, ajouta la bonne femme dont la barque poussait pour regagner la Charente.

L'aspirant ignorait tout cela ; car, sur les entrefaites, Edmond avait été envoyé aux avant-postes de l'escadre, où il fut retenu plusieurs jours par les exigences du service. La correspondance laconique que le prisonnier lisait naguères à tâtons suffisait alors pour remplir sa vie : elle lui donnait pour vingt-quatre heures de consolation, de joie, de désir; maintenant ses inquiétudes redoublaient.

— Avait-on découvert la ruse, ou bien Edmond était-il parti pour une corvée de guerre et n'était-il pas revenu? Toutes les suppositions étaient admissibles, les plus sombres craintes étaient permises. La fusillade et le canon se faisaient entendre de plus en plus fréquemment; mais l'aspirant avait renoncé à faire supplier le commandant de lui accorder sa part de danger. Une atonie funeste l'accablait au physique et le moral s'en ressentait. Il passait des heures entières à pleurer et à gémir; l'existence lui devenait à charge, son énergie faiblissait. Puis abattu, anéanti, il tombait dans un état qui n'était ni le sommeil, ni la veille, mais une somnolence lourde accompagnée de hideux cauchemars.

Un jour, c'était le dimanche de la Passion, le capitaine d'armes se pencha sur le panneau du magasin général :

— Monsieur de Kéravel, dit il, le commandant vous fait appeler.

L'aspirant ne répondit pas. Le sous-officier descendit, son fanal à la main. Il trouva le prisonnier dans un de ses moments de suffocation et de léthargie intellectuelle. Ses extrémités étaient glacées, sa respiration courte et pénible, sa tête brûlante; il était pâle comme un cadavre : l'adjudant le traîna dans le faux-pont. L'air moins épais ranima un peu Frédéric, il put marcher en s'appuyant sur le bras d'un des soldats de marine.

Les officiers et l'équipage se trouvaient aux postes de combat; le commandant debout sur la dunette. Les canonniers rangés à leurs pièces, étaient émus de pitié à l'aspect du jeune homme; cependant pas un murmure ne se fit entendre; la générale avait battu, les mèches étaient allumées, on en était à cette terrible période d'attente et d'immobilité que redoutent les plus braves. Au loin on entendait une vive canonnade, un épais rideau de brouillards couvrait du reste la baie; nul dans l'escadre ne prévoyait ce qui allait se passer.

Frédéric, au contact du grand air, fut sur le point de se trouver mal; il se traîna cependant jusqu'au bas de la dunette; le commandant lui fit signe de monter, et congédia le capitaine d'armes et l'escorte.

— Eh bien! monsieur, ce rapport? demanda-t-il.

— Quel rapport? répéta Frédéric comme au sortir d'un rêve.

Alors seulement M. Richemont remarqua l'état de l'aspirant qui tremblait de tous ses membres.

— Qu'avez-vous, monsieur? fit brusquement l'officier.

— Rien! rien! répondit le jeune homme d'une voix sourde; je meurs à la peine comme vous l'avez dit, voilà tout.

Puis il baissa les yeux, car son faible regard ne pouvait soutenir celui du commandant.

— On va se battre, monsieur, ajouta le capitaine, sans avoir écouté la réponse de Frédéric.

— Ah! s'écria celui-ci d'un air étonné.

— Qu'avez-vous donc enfin? Avez-vous peur?

Une révolution subite s'opéra dans l'aspirant à ce seul mot; le cadavre était galvanisé, le sang lui reflua au visage, une force étrange le ranima tout à coup.

— Peur! s'écria-t-il, avec un accent de colère qui fit reculer l'officier supérieur ; de qui ai-je peur, monsieur? Qui me parle de peur ici ?

Le commandant avait commis par impatience, une de ces fautes si rares qu'il évitait constamment : il le sentit, et se hâta de la réparer.

— Pardon, monsieur de Kéravel, dit-il gravement, j'ai employé une expression qui n'était pas dans ma pensée et que je rétracte. Vous croyez-vous capable de remplir une mission périlleuse ?

— Je suis capable de tout! répliqua hardiment le jeune homme, dont la crise de faiblesse était passée.

— Tous ceux de vos camarades en qui j'ai confiance sont partis; les officiers sont à leurs postes de combat à bord. Je vais vous donner le grand canot armé en guerre, et vous irez prendre les ordres de l'amiral.

— Je suis prêt.

— Vos arrêts sont levés.

—Je vous remercie, commandant; mais alors veuillez me faire remettre les lettres venues pour moi.

— Comment savez-vous ?...

— On devait m'écrire, et je supposais que...

— Les voici, monsieur.

Un quart-d'heure après, une grande embarcation, armée d'une caronade de 12 et de deux pierriers, débordait du trois-ponts l'*Océan*, monté par le général en chef, et se dirigeait, à travers la brume, sur le lieu où la fusillade était la plus vive.

Le patron venait de demander les ordres à l'aspirant.

— Droit au feu, Palanquin ! Tu me préviendras quand nous y serons.

— Oui, monsieur Frédéric.

A ces mots, le jeune homme posa son sabre à côté de lui, déboutonna son frac, et en tira deux lettres qu'il décacheta rapidement. Il fallait que leur contenu l'intéressât à un degré bien extraordinaire, car le bruit de la mousqueterie et des espingoles, devenu étourdissant, ne parvenait pas à lui faire tourner la tête ; il n'entendait pas non plus ce qu'on disait autour de lui :

—Monsieur Frédéric ! — Le voilà donc sauvé ! — Hors de la Fosse-aux-Lions ! —

Le brave des braves! — Vive monsieur Frédéric! — Nous sommes tous parés à mourir pour lui.

— Non! personne que moi! dit une voix qui sortait de dessous les bancs; et un homme au bras en écharpe, que nul n'avait vu descendre dans le grand canot, se dressa comme un serpent à côté de Palanquin.

— Toi, ici!

— Je viens me mettre devant les balles.

— C'est bien; cette fois-ci, mon fils, je le permets.

Tous les rameurs étaient profondément émus de ce peu de paroles.

Les balles commençaient à siffler autour du canot; mais l'aspirant lisait toujours.

— Vois-le, il est là, calme comme à son bureau, à calculer une longitude, disait Palanquin à Croche-Cœur.

— Je suis le dernier des derniers si je ne meurs pas pour lui.

— Faut espérer pourtant que ça ne sera pas nécessaire.

— Si fait, je le veux, à cette heure.

— Et Suzette !

Un soupir s'échappa de la poitrine du gabier.

— Monsieur, dit Palanquin en frappant sur l'épaule de Frédéric, nous voici rendus.

— Bien ! bien ! répondit l'élève en renfonçant dans son frac les bienheureuses lettres; vaincre ou mourir, mes enfants !

— Gare dessous, les Anglais ! Vive monsieur de Kéravel ! crièrent les canotiers.

On se trouvait bord à bord d'une forte chaloupe ennemie.

— Feu ! commanda l'aspirant aux canonniers de la caronade. La mitraille balaya les bancs de la chaloupe, et une nouvelle scène s'offrit aux yeux des grands canotiers.

Par l'effet des détonations répétés de l'artillerie, le brouillard s'était reculé tout autour du champ de bataille, comme pour en faire une sorte de cirque naval auquel il ne manquait que des spectateurs; la fumée roulait et tourbillonnait, semblable à la poussière d'une arène.

Le patient, sur lequel plus de trente canots anglais s'acharnaient ainsi que des bêtes féroces sur un martyr, était une canonnière française dont le pavillon pendait en lambeaux. Sa mâture était brisée; elle ne pouvait poursuivre sa route et regagner le gros de la flotte; son feu se ralentissait sensiblement.

Les ennemis avaient éprouvé des pertes considérables, les nombreux débris de péniches qui jonchaient la mer en étaient un témoignage évident; mais les pièces de la canonnière étaient d'un calibre trop faible; les caronades des péniches, d'une portée supérieure, avaient pu la réduire de loin à rester entre deux feux, sans avancer ni reculer. Les Anglais la serraient de près, et paraissaient disposés à tenter l'abordage.

Le secours que Frédéric apportait semblait insuffisant contre tant d'assaillants ; cependant il savait que des péniches françaises étaient attendues et que la face du combat pouvait changer d'un instant à l'autre.

— A bord! à bord! cria-t-il; Palanquin, gouverne droit pour accoster.

Les Anglais n'avaient pas encore aperçu le grand canot du *Foudroyant*. Dérobé aux regards par la brume et la fumée, il avait pu arriver jusqu'au milieu du champ de bataille. Les pierriers et la caronade étaient chargés jusqu'à la gueule, le peloton de mousqueterie se tenait prêt à faire feu au premier signal.

— Ne tirons pas, canonniers ! Coupe celui-ci en deux, Palanquin. Nagez ferme, matelots !

Un affreux craquement suivit ce dernier ordre. Une longue péniche anglaise, prise par le milieu, coulait à droite et à gauche du grand canot.

— Avant toujours ! commanda l'aspirant, et un instant après :

— La caronade maintenant, feu !

Un second canot fut désemparé.

— Feu ! les pierriers et la mousqueterie !

Une troisième embarcation fuyait; enfin les grands canotiers, abandonnant leur valeureuse barque, s'élancèrent à bord de la canonnière la *Railleuse*.

L'aspirant se dirigea vers le banc de quart.

— Le capitaine ? demanda-t-il.

— Mort ! répondit le timonnier.

— Le lieutenant ?

— Mort !

— Le maître ?

— Mort !

L'armement du grand canot était déjà réparti aux postes de combat ; Frédéric, commandant improvisé, s'était emparé du banc de quart.

En ce moment, les Anglais du côté opposé à celui par lequel les hommes du *Foudroyant* étaient montés, cessèrent leur feu en voyant que celui de la canonnière se taisait ; ils voulurent aborder en masse.

— Attention au commandement ! cria Frédéric.

— Hourra! hourra! hourra! hurlait l'Anglais, dont vingt canots élongeaient le bord.

— Laisse tomber les filets d'abordage!... Feu partout!

Les filets de la canonnière tombèrent sur les assiégeants et les prirent sous les mailles, tandis que la mitraille les écrasait à bout portant. Ils étaient loin de s'attendre à une résistance semblable : ils croyaient trouver un pont couvert de cadavres et de blessés, mais les trente marins du *Foudroyant*, troupe fraîche et transportée d'enthousiasme, devaient les recevoir sous le commandement du brave aspirant, dont la voix produisait sur eux un effet merveilleux.

Cependant tous les canots ennemis n'avaient pas abordé par le travers, c'est à dire sous le filet d'abordage; deux énormes chaloupes vomissaient leur monde à bord par l'arrière : les Anglais s'étaient précipités sur Frédéric, encore attentif aux mouvements extérieurs.

L'aspirant, en se retournant au bruit, vit vingt sabres dressés sur sa tête, vingt gueules de pistolets béantes sur sa poitrine.

— A nous! *Foudroyant*, hurlèrent à la fois deux hommes qui s'étaient impétueusement jetés entre les abordeurs et Frédéric.

Croche-Cœur et Palanquin n'eurent pas le temps d'ajouter une syllabe, ils tombèrent percés de coups.

Les grands canotiers abandonnant leurs canons s'avancèrent à l'arme blanche, et repoussèrent de la pique et de la baïonnette les assaillants effrayés de se voir accueillis par une troupe si compacte.

— Que pas un d'eux ne rembarque! cria

l'aspirant dont l'œil suivait tous les mouvements de l'ennemi.

Cet ordre était inutile, un matelot français l'avait devancé et se glissant sous la poupe de la canonnière avait coupé les bosses ou cordes qui retenaient les deux chaloupes.

Toutefois, les Anglais encore en nombre avaient eu le temps de revenir de leur surprise. La victoire était le seul parti qui leur restât; ils combattaient en désespérés.

Le succès devenait douteux, lorsque le cri : France! France! retentit de tous les côtés autour de la *Railleuse*.

Dix péniches françaises arrivaient, trop tard pour prendre part au combat, à temps pour assurer la victoire. Les Anglais mirent bas les armes.

Le premier homme qui monta à bord fut

Edmond de Guimorvan; il se dirigea vers le banc de quart :

— Capitaine, dit-il....

Un cri de surprise s'échappa de ses lèvres.

Les deux aspirants se jetèrent dans les bras l'un de l'autre; mais bientôt à un coup d'œil donné sur le pont, Frédéric s'écria douloureusement :

— Ils sont morts tous les deux pour moi !

Edmond de Guimorvan se baissa et plaça en même temps ses deux mains sur les deux cœurs de Palanquin et de Jean-Pierre.

Tout à coup il répondit avec transport :

— Ils vivent, Kéravel, ils vivent tous les deux !

# CHAPITRE IV.

### Double noce.

L'alarme donnée à bord de la division française n'avait eu aucun résultat; par le temps qu'il faisait, le branle-bas général de combat était une précaution des plus sages; mais l'escadre anglaise n'avait point bougé de la rade des Basques. Seulement ses péniches, en croisant au large, rencontrèrent la *Railleuse*, qui revenait de la mer et espérait rentrer au port à la faveur des brouillards. Elles l'attaquèrent de concert; on a vu quel fut le résultat de cette tentative.

Les dernières chaloupes ennemies prirent la fuite, tandis que les canots français s'attelaient à la canonnière et la remorquaient à l'arrière-garde de l'armée.

Edmond de Guimorvan alla rendre compte au commandant Richemont, et puis au général en chef, des actions éclatantes de Frédéric; son amitié pour le vainqueur le rendit éloquent. L'amiral Allemand voulut complimenter lui-même le jeune sauveur de la *Railleuse*; mais quand le canot de l'*Océan* accosta le petit brig-goëlette, l'aspirant n'y était plus : on venait de le transporter à bord de son vaisseau dans un état d'évanouissement complet.

A peine l'ancre de la *Railleuse* était-elle

au fond, que Frédéric se trouva mal sur son banc de quart. L'énergie extrême qu'il venait de déployer l'avait abandonné tout à coup ; le commandement : *Mouillez !* fut le dernier qui sortit de ses lèvres. Les matelots se hâtèrent de le conduire à bord du *Foudroyant* où de prompts secours lui furent prodigués. La constitution du jeune homme avait été trop violemment ébranlée par tant de souffrances et de secousses ; il passa plusieurs jours sans pouvoir être ranimé ; ses forces avaient entièrement disparu, il respirait à peine.

Qnand les gens de l'équipage demandaient à Rafiau des nouvelles de son maître.

« Il est comme mort, répondait le mousse ; voilà trois jours qu'il n'a pas ouvert les yeux ; il est là, froid et sans mouvement, pareil à un morceau de glace. Si Je docteur ne disait pas qu'il vit encore, je penserais qu'il est temps de l'enterrer, ce pauvre M. Frédéric!

— Un brave homme! un pur sang! un vrai matelot! disaient tristement les marins; puis, ils se retiraient mornes et silencieux.

Le commandant Richemont passait des heures entières au pied du lit du mourant, à qui on avait construit une sorte de chambre en toile à voile dans la partie arrière de la batterie.

Un matin, le docteur, Edmond et le capitaine de vaisseau étaient rassemblés dans ce poste volant, attentifs à la respiration de Frédéric, qui devenait plus régulière.

— Rien n'est désespéré, dit le médecin, la chaleur naturelle revient un peu. La crise de délivrance approche peut-être.

— Dieu le veuille! murmura le capitaine.

Edmond tressaillit de joie.

Les yeux de Frédéric s'ouvrirent alors, il regarda autour de lui d'un air hagard; puis ses lèvres s'agitèrent et murmurèrent des mots entrecoupés.

— Il délire, commandant; c'est la fièvre enfin, la fièvre que j'attendais! dit le docteur en prenant le pouls du malade.

— Silence! silence! disait celui-ci à voix basse, c'est aujourd'hui le dimanche de la Passion; j'agonise, mon Dieu! prenez pitié de nous! Adieu Joséphine, adieu Edmond, adieu tout ce que j'aime! Et j'ai vingt ans! Commandant, vous m'avez tué, parce que je n'ai pas voulu les faire fusiller. Eh bien! c'est égal! vous m'en rendrez raison sur le gaillard d'arrière du Paradis. Adieu Joséphine, adieu Edmond!

Après un court instant de repos, ses yeux pétillèrent d'un feu plus vif.

— On ne vous fusillera pas! s'écria-t-il

avec force. Mais nagez donc! nagez, vous dis-je. Vous nagerez, ou nous coulerons. Comment! lâches, on peut se battre cette nuit, et vous voulez retourner à terre! — A terre! continua-t-il doucement, et moi aussi je voudrais y être. Suzette, bonne Suzette, tu lui diras combien je l'aime; oui, n'est-ce pas? — Coulés, les Anglais. — Vive Joséphine! — Feu! feu partout! laisse tomber les filets. Viens, Edmond, viens que je te dise adieu, car je meurs.

Edmond de Guimorvan avait pris l'autre main du malade qui ne le reconnaissait pas; le commandant s'était levé brusquement, ému par mille passions diverses.

Après une crise qui dura plusieurs heures, crise horrible pendant laquelle Frédéric dévoilait toutes ses tortures de la Fosse-aux-Lions, toutes ses craintes, toutes ses pensées d'amour, le sommeil ferma ses paupières.

— Il est sauvé! s'écria le docteur; je réponds de lui maintenant.

Peu de jours après, Frédéric était sauvé en effet; il rentrait dans la vie comme au sortir d'un rêve étrange qu'il avait peine à comprendre. Le roman de ses illusions et de ses terreurs, les illusions fantastiques de la prison et de la maladie se confondaient dans sa mémoire. Les hallucinations et les réalités se ressemblaient; il ne les discerna les unes des autres qu'après mille efforts souvent infructueux. Il eut besoin de faire un long travail sur lui-même pour coordonner ses souvenirs.

L'aspirant avait sollicité la permission de descendre à terre, le commandant lui répondit que c'était impossible, parce qu'on se trouvait en présence de l'ennemi, dont les bâtiments devenaient plus nombreux de jour en jour. Les Anglais rassemblaient alors leurs machines incendiaires. L'on approchait à grands pas d'une nuit à jamais néfaste dans les annales de notre marine.

Frédéric n'eut rien à répliquer, et écrivit à Suzette.

Le surlendemain, il reçut la réponse suivante :

« Mon cher monsieur de Kéravel,

» A la réception de votre dernière, je me suis aussitôt rendue chez mademoiselle Joséphine ; mais à présent on se défie de moi, à ce qu'il paraît ; je ne puis plus lui parler, à moins que je ne la rencontre dans le jardin. Depuis qu'elle écrivit au commandant de vous faire sortir de la Fosse-aux-Lions, on ne me laisse plus monter chez elle. L'autre soir, pourtant, sous la tonnelle, je lui ai conté votre beau combat, et j'ai su qu'elle est allée, avec madame sa tante, visiter à l'hôpital de Rochefort les blessés du *Foudroyant*. Elle s'est bien intéressée à Palanquin et à Croche-Cœur. Voyez-vous, monsieur, c'est une charmante demoiselle et qui vous aime, quoiqu'elle ne me l'ait pas positivement avoué. Je lui ai dit aussi tout ce que vous avez risqué pour sauver Jean-Pierre ; elle pleurait en m'écoutant, moi je faisais comme elle. Vous avez bien raison de l'aimer, elle est si bonne ! J'y suis retournée avant-hier et puis hier, toujours sans la voir ; enfin je l'ai rencontrée ce matin avec un grand monsieur qui a des moustaches noires d'une demi-brasse et qui marche raide comme un tambour-major. J'ai appris que c'est son père, M. le colonel Brissart ; elle ne le quitte plus. Je n'ai donc pu lui parler de vous ; je me suis seulement approchée pour lui annoncer mon mariage et celui de ma mère, dont je vous fais part de même par la présente.

» Palanquin est à peu près guéri, Croche-Cœur a été réformé et congédié à cause d'une forte blessure qu'il a à l'autre bras.

» J'ai raconté tout ça à mademoiselle Joséphine en l'invitant à venir à ma noce, où vous la verrez; car maman a obtenu du commandant Richemont que vous descendriez à terre avec M. de Guimorvan et dix de nos amis du *Foudroyant*, pour ce jour-là qui est après-demain. Je ne devrais pas vous répéter cela, on me l'a bien défendu ; mais je sais que je vous ferai tant de plaisir que je n'ai pu m'empêcher de vous en donner la nouvelle tout de suite. Palanquin et Croche-Cœur arrivent demain au Vergeroux pour tout à fait. Ils m'ont chargé de vous jurer qu'ils sont prêts à recommencer de se faire tuer pour vous. Maman vous dit aussi bien des compliments de tout son cœur, ainsi qu'à M. de Guimorvan, et moi je suis pour la vie votre reconnaissante et dévouée servante.

» SUZETTE. »

Frédéric courut montrer cette lettre à Edmond, et de longues heures de nuit se passèrent en ineffables causeries.

Le lendemain fut encore pour eux un jour de bonheur.

Enfin, le commandant les fit appeler tous les deux, et croyant leur apprendre le double mariage, il les autorisa à descendre à terre à la pointe du jour suivant.

A cinq heures du matin un canot déborda du vaisseau pour les conduire au pont du Vergeroux.

Rafiau et neuf autres marins devaient passer avec eux la journée, à l'auberge de l'*Escadre invisible*.

Les invités furent reçus par les deux futurs époux, Croche-Cœur, le bras en écharpe et portant une veste de pêcheur; Palanquin en grand uniforme de second maître, car le brave patron avait été promu à ce grade pendant sa maladie.

— Nous revoici, monsieur de Keravel, dit le vieux marin; je vous présente mon fils, bien honteux, voyez-vous, de tout ce dont il a été cause. Pardonnez-lui, je vous prie, il en est bien fâché du fond du cœur.

— Je n'ai rien à pardonner, répondit l'aspirant avec vivacité. Si quelqu'un de nous doit de la reconnaissance aux autres, c'est plutôt moi à vous deux que lui à moi.

A ces mots, il tendit la main au gabier, qui la serra silencieusement et avec une émotion respectueuse.

On attendit quelque temps dans la grande salle; enfin la jeune mariée parut, et vint saluer les aspirants. Elle était plus jolie, plus gentille, plus piquante que jamais, dans son élégant costume saintongeois.

— Scélérat de Croche-Cœur! en a-t-il du bonheur! s'écriaient les matelots; il passe au service de la *Reine des perles :* fameuse navigation!

La mère Barberousse fit ensuite son entiée triomphale : elle était dans ses plus riches atours; trois larges chaînes d'or descendaient sur sa poitrine en lourds festons, *pis que des suspentes de basses vergues*, disaient les facétieux. Elle portait une robe de soie cramoisie, moins rouge encore que sa face rubiconde.

Le père Palanquin, un peu pâle encore, faisait contraste avec la digne hôtesse; mais les marins ne riaient pas en le regardant:

— C'est un terrible que maître Palanquin, répétaient-ils. Sais-tu que l'autre fois, il a coulé d'un seul coup une péniche de trente avirons : c'est un soigné, *la mort des Anglais*.

Dans la répartition des exploits, selon les hôtes du gaillard d'avant, le sauvetage de la canonnière appartenait, sans conteste, à Frédéric; la fuite et la défaite des diverses chaloupes, rencontrées par le grand canot, étaient dévolues aux canonniers; mais le patron avait seul toute la gloire de la péniche coupée en deux.

Les aspirants donnaient le bras à de jeunes et fraîches villageoises des environs; une musique champêtre marchait en tête de la colonne. On arriva ainsi à l'église, où Frédéric chercha aussitôt des yeux mademoiselle Brissart. Il ne vit que madame Richemont, seule à son banc.

— Mon Dieu! mon Dieu! qu'est donc devenue Joséphine? pourquoi n'est-elle pas ici? pensa-t-il; et il se rappela non sans inquiétude que Suzette et la mère Barberousse avaient évité, toutes deux, de se laisser accoster dans la grande salle. Il se perdit en tristes suppositions; le pressentiment d'un nouveau malheur le tourmentait.

On sortit de l'église; madame Richemont s'avança vers les mariés, félicita amicalement la mère Barberousse, embrassa Suzette sur le front, dit quelques mots flatteurs aux deux marins, mais répondit seulement par un salut glacial aux saluts des aspirants, qui ne purent lui adresser la parole. Elle monta en voiture aussitôt et retourna à son habitation, tandis que la noce se remettait en marche vers l'*Escadre invisible.*

En arrivant, Frédéric, les larmes aux yeux, prit Edmond à l'écart :

— Qu'est-il donc arrivé, mon Dieu! s'écriat-il? où est Joséphine ?

Edmond se garda de répliquer par l'insignifiante et froide réponse habituelle aux soi-disant amis : « Mais en vérité, mon cher, je l'ignore. » Il évita à plus forte raison les plaisanteries déchirantes que tiennent toujours en réserve, pour des cas semblables, les béotiens d'esprit ou les gens cruels; il comprit dans toute leur étendue les angoisses de Frédéric.

— Je vais le savoir, dit-il.

Puis il se dirigea vers les nouvelles mariées.

Frédéric, muet de crainte, était resté à sa place; il suivait de là le jeu des physionomies. Aux questions d'Edmond, il vit Suzette pâlir, et la mère Barberousse témoigner, par un geste significatif, combien elle était contrariée.

Cependant Palanquin et Croche-Cœur avaient pris chacun d'une main le petit mousse des aspirants, et s'approchant de Frédéric :

— Il est temps, à cette heure, de vous conter tout, M. de Kéravel, dit le second maître : voici celui qui a débrouillé nos lignes; celui qui vous a sauvé en parlant, comme vous avez sauvé Croche-Cœur en vous taisant. Sans lui, ça pouvait mal tourner pour nous et pour vous, peut-être.

L'aspirant eut bientôt la solution d'un problème qui l'avait toujours intrigué, et promit à Rafiau de le prendre sous sa protection spéciale. Le mousse était transporté de plaisir et fier des paroles amicales de son jeune maître. Mais celui-ci, bien qu'il fit bonne contenance, avait le cœur navré; il ne parvenait pas à prendre part à la joie commune.

Edmond de Guimorvan causait encore d'un air affairé avec les deux mariées; il ne revenait pas

Tout à coup la porte s'ouvrit, un enseigne du vaisseau l'*Océan* entra. Un profond silence régna aussitôt.

— Monsieur de Kéravel, dit l'officier, voici l'ordre de vous rendre immédiatement à bord de l'amiral; mon canot vous attend.

Une sueur froide glaça tous les assistants. Au seul nom de l'amiral Allemand, les matelots et les riverains tremblaient.

— C'est bien monsieur, je vous suis, dit Frédéric en arrachant l'enveloppe de la missive, et il lut ce que l'officier venait lui annoncer.

Suzette se baissa et ramassa l'adresse :

— Monsieur Frédéric de Kéravel, *enseigne de vaisseau!* s'écria-t-elle avec bonheur. C'est pour vous annoncer votre nouveau grade que vous méritez si bien.

Des applaudissements effrénés et des cris d'allégresse ébranlèrent la toiture de l'*Escadre invisible.*

Frédéric, resté en apparence insensible à la crainte d'une fâcheuse nouvelle, l'était en apprenant ce qui lui arrivait d'heureux.

Une foule amie le félicitait; Edmond lui prenait la main, Rafiau pleurait de plaisir,

Suzette sautait comme un enfant, Croche-Cœur et Palanquin abusaient de toutes les exclamations en usage sous la misaine, la mère Barberousse criait à ses servantes d'apporter des verres pour boire au nouvel officier : lui ne bougeait pas. Ses pressentiments ne l'abandonnaient point; l'image de Joséphine se présentait à sa pensée, et il ne voyait au delà que découragement et désespoir.

Enfin, il fit un geste; tous les assistants se reculèrent, à l'exception d'Edmond, auquel il demanda ce que les deux hôtesses venaient de lui apprendre.

— Rien n'est perdu, répondit l'aspirant. Il paraît seulement que hier, pendant la nuit, une chaise de poste est venue chercher M. le colonel Brissart et sa fille. Personne ne sait encore où ils sont allés; mais Suzette et sa mère m'ont bien promis de t'en instruire dès qu'elles l'auront découvert, et de faire tous leurs efforts pour retrouver la trace de celle que tu aimes.

Frédéric leva un regard suppliant sur la jeune mariée, qui s'approcha aussitôt et lui répéta ce qu'Edmond venait d'annoncer.

— Adieu donc, mes amis, et soyez heureux ! dit à haute voix le nouvel enseigne, qui sortit à l'instant pour se rendre au pont du Vergeroux. . . . . . . . . . .
. . . . . . . . . . . . . .

Quelques jours après, la canonnière la *Railleuse*, réparée en rade, grâce au concours actif de la division navale, était sur le point d'appareiller pour une mission aventureuse. Son équipage se trouvait composé de marins choisis par son nouveau capitaine, qui n'était autre que Frédéric de Kéravel. L'empereur avait ordonné qu'on donnât au jeune officier le commandement du navire qu'il avait si courageusement arraché aux ennemis

Edmond de Guimorvan qui n'avait reçu aucune récompense, car nul ne fit valoir sa belle conduite, avait sollicité et obtenu d'être le second de la canonnière.

Jusque là, le jeune Guimorvan, dernier représentant d'une grande famille de Bretagne, illustre dans la marine française, avait été l'ancien de Kéravel, quoique de deux ans moins âgé que lui; aucun sentiment de jalousie ne vint ternir la noble satisfaction qu'il ressentait. Il avait ardemment désiré de devenir le lieutenant de son intime camarade; — maintenant, il se réjouissait de l'avoir pour chef.

Au moment où l'ancre était haute, un canot du *Foudroyant* aborda et remit une lettre au capitaine de la *Railleuse*.

Il la décacheta en tremblant.

— Je ne sais, dit-il à Edmond, mais j'éprouve des pressentiments de malheur; ce sera une mauvaise nouvelle.

— Quelle idée! Lis, lis donc!

L'enseigne lut à haute voix :

« Rade de l'île d'Aix, à bord du *Foudroyant*, le 5 avril 1809.

» Monsieur,

» Ne doutant pas du vif intérêt que vous prendrez à un événement qui me comble de joie, et, afin de vous donner une nouvelle preuve de l'estime que j'ai conçue pour vous, je me hâte de vous faire part du mariage de mademoiselle Joséphine Brissart, ma nièce, avec M. le chef d'escadrons Ferdinand de Hauteville. Cette union, depuis longtemps arrêtée entre les deux familles, sera célébrée, le 15 courant, en l'église paroissiale de Saint-Roch, à Paris.

» Recevez de nouveau mes félicitations pour

votre avancement si bien mérité, ainsi que les salutations de votre ancien commandant.

» RICHEMONT. »

Frédéric pâlit; et après un moment de réflexion :

— Que faire? mon Dieu! demanda-t-il à son lieutenant :

— Commander l'appareillage, répondit celui-ci avec fermeté.

Frédéric de Kéravel, faisant un effort sur lui-même, ordonna de lever l'ancre et d'établir les voiles.

En descendant du banc de quart, il accosta Guimorvan, et lui dit avec exaltation.

— Malheur aux Anglais! c'est sur eux que je me vengerai.

Il ajouta plus bas, en serrant la main de son ami :

— Mais la victoire et la gloire ne font pas le bonheur; *victory and glory not happiness!*

Puis il se rendit tristement dans sa cabine de capitaine pour y pleurer sur ses amours d'aspirant.

## CHAPITRE V.

#### L'horoscope.

— Voile! cria le mousse Guillaume Rafiau du haut des barres de perroquet.

— Voile! répéta le maître de manœuvre; prévenez bien vite le capitaine.

C'était le 15 avril, — le jour même où mademoiselle Joséphine Brissard épousait M. de Hauteville; — or, à la hauteur où se trouvait la canonnière, la mer devait être sillonnée par les croiseurs anglais. L'enseigne de vaisseau, Frédéric de Kéravel, capitaine de *la Railleuse,* avait particulièrement ordonné de redoubler d'attention; l'aspirant de première classe Edmond de Guimorvan, lieutenant du bord, avait promis au plus clairvoyant une double ration de vin; aussi la bonne fortune du mousse fut-elle enviée par plus d'un honnête matelot et surtout par l'homme de vigie.

Par hasard, en faisant une commission dans la mâture où il ne demandait qu'à grimper, le jeune garçon venait d'apercevoir le navire qui pointait au large.

— Ce petit drôle n'a pas de brume aux écubiers, ajouta le contre-maître sous forme de commentaire. Il deviendra fin gabier, j'en réponds, s'il fait peau qui dure.

— Je sais pour ça plus de quatre bonnes raisons, répondit un grognard du beaupré. Il est né sur l'eau, ou approchant, ce gringalet. A bord du *Foudroyant*, le père Palanquin et Jean-Pierre Croche-Cœur l'éduquaient par préférence ; ici le capitaine et le lieutenant le soignent dans le bon genre, sans parler de vous, maître, ni de nous autres qui nous y entendons aussi pas mal, m'est avis !

Guillaume Rafiau était l'enfant d'adoption des marins de la *Railleuse*, qui provenaient pour la plupart, comme lui, de l'équipage du *Foudroyant*. A tous égards il méritait la faveur générale de ses chefs et de ses anciens. Leste, vif, intelligent, intrépide, il avait déjà fait ses preuves à bord du vaisseau, où sa qualité de mousse des aspirants ne l'empêchait pas de montrer d'excellentes dispositions pour le matelotage. Sa physionomie ouverte et mutine plaisait ; ses yeux éveillés étaient francs ; son sourire mélangé de finesse et de bonté, faisait dire au vieux de la cale :

— On voit clair sur sa face qu'il sera malin sans jamais tourner au sournois.

La veuve Barberousse, femme de maître Palanquin et hôtesse de l'*Escadre invisible*, Suzette sa fille, maintenant mariée à Jean-Pierre Croche-Cœur, avaient d'excellentes raisons pour aimer et estimer le petit Rafian, à jamais certain de trouver chez elles une cordiale hospitalité. Il était orphelin. Il ne se savait point en terre ferme d'autre asile que la demeure de cette famille maritime ; mais les planches flottantes d'un navire étaient le domicile naturel du mousse privilégié de la canonnière. A bord, il se trouvait plus heureux qu'un prince.

Il n'y regrettait absolument que maître Palanquin, et le gabier Croche-Cœur, l'un admis à la retraite, l'autre en congé temporaire par suite de blessures reçues sous les ordres de Kéravel.

En ce moment, Rafiau fier de sa découverte, descendait gaîment des barres ; le capitaine et le lieutenant du léger navire accouraient chacun de leur côté.

— Voile!... Dans quelle direction? — Comment court-elle?... Qui l'a signalée? — Qui l'a vue? demandèrent à la fois les deux amis.

— C'est moi, messieurs! répondit le mousse en sautant des haubans au beau milieu du gaillard-d'arrière, entre ses deux principaux protecteurs.

— Bravo! dit Edmond de Guimorvan, c'est donc toi qui boira le quart de vin.

— Et de bon cœur! répartit le mousse.

— Eh bien, qu'as-tu vu? demandait l'enseigne de vaisseau Kéravel.

— Dam! capitaine, le navire est par le bossoir de tribord, voilà tout.

L'homme de veille n'aurait pas fourni de meilleur renseignement, car en l'espace d'une demi-minute, le point grisâtre qui s'élevait à l'horizon n'avait pas eu le temps de changer d'aspect.

— Gouvernons droit dessus! commanda Frédéric, et laissons courir!

Par les ordres d'Edmond, le distributeur apportait une ration de vin à Guillaume Rafiau, qui accepta la mesure de fer-blanc de l'air grave dont un écolier reçoit un prix d'excellence; il arrondit ensuite le bras avec la méthode d'un vieux matelot et enfla sa jeune voix pour crier:

— A la santé du capitaine et du lieutenant!

Les gens de quart ameutés au pied du grand mât approuvèrent par de bienveillants murmures les bonnes façons du petit Rafiau, et le maître, pour la centième fois depuis dix jours, répéta d'un ton sentencieux :

— Ce morceau d'homme, j'en réponds, donnera un fin matelot, s'il fait peau qui dure.

Kéravel et Guimorvan, jeunes tous deux, se prirent à rire ; mais enfin, le quart ayant été vidé à la satisfaction publique, l'on ne s'occupa plus à bord que de la voile signalée.

Une amitié d'enfance, cent fois éprouvée au lycée et dans les postes d'aspirants, où ils avaient fait ensemble leurs premières campagnes, unissait les deux officiers de *la Railleuse*. Elle n'avait pas été altérée par l'avancement extraordinaire de Kéravel.

Edmond de Guimorvan avait eu sa part de dangers sans avoir sa part de faveurs; Frédéric seul s'en attrista. Comme aspirant, Edmond était l'ancien de son ami, dont il devenait le subalterne; il se réjouit franchement des heureux résultats de l'escarmouche. Ce fut surtout, grâce à son zèle, que le brig se trouva peu de jours après en état d'appareiller; et quand on fut sous voiles, son amitié ingénieuse mit tout en œuvre pour dissiper la profonde mélancolie de Frédéric, que les succès et les récompenses n'avaient pu consoler encore.

Mais on était au 15 avril, date funeste! — le jour même, la dame des pensées de Frédéric s'unissait à un autre, — *la Railleuse*, expédiée aux Canaries en aviso, naviguait à l'est de Madère.

Le jeune capitaine éprouvait un surcroît de tristesse; le lieutenant se sentait à bout d'arguments; tout à coup Rafiau cria : Voile !

— Bravo! bravo! dit Edmond en se frottant les mains; un combat Frédéric! voilà le remède qu'il nous faut! Ah! je donnerais gros pour être de taille à nous mesurer contre ce cher navire...

— Et moi donc! dit Kéravel, je meurs d'envie de me battre!

— Ceci est français! mais ton spleen et anti-national! Que diable! à nos âges, en fait d'amour, rien n'est perdu puisqu'on a tout le temps de se rattraper!

— Tu me fais de la peine, Edmond!

— Dieu m'en garde! Je ne veux que te rendre ton insouciante gaîté!... L'amour ne te vaut rien, c'est bien prouvé!... Tout compte fait, voici bien la quatrième passion qui te rend sombre et morose; voici la quatrième fois que je te connais inconsolable... Ta première s'appelait...

— Non, de grâce, interrompit Frédéric, ne me parle plus de ces folies...

— Soit! Je n'en demande pas davantage. Aimons sans compter, et surtout sans nous chagriner, comme dit la chanson.

— Tu deviens terrible, sur ma parole, répliqua l'enseigne souriant à demi.

— Parbleu! je t'ai laissé dix jours de regrets, de soupirs et de larmes, c'est assez honnête!... Pas de trêve désormais, guerre à mort à tes ennuis qui n'ont plus le sens commun... Que te manque t-il ici pour être heureux?... Tu n'as ni chef, ni tyran! Nous sommes hors des griffes de fer de l'amiral Allemand que le diable confonde!..... Tu commandes! Ton meilleur ami est ton lieutenant, il se ferait hacher en quatre quartiers pour toi...

— Je sais que tu ne plaisantes plus, interrompit Frédéric en serrant la main d'Edmond.

— Ton équipage t'est dévoué, on t'obéit à la baguette sans le moindre effort; notre *Railleuse* serait un petit paradis sans tes humeurs noires... Permets-moi donc d'envoyer ta Joséphine rejoindre à tous les diables, l'amiral Allemand et le commandant Richemont!...

Frédéric stupéfait allait réclamer; Edmond, qui riait de son air consterné, ne lui en donna pas le temps :

— Eh bien! cette voile? cria-t-il.

Avant que la vigie eût répondu, l'alerte aspirant s'était élancé dans la mâture avec sa longue-vue en bandoulière; et peu d'instants après, il annonça un brig à contre bord.

— Branle-bas de combat! commanda Kéravel.

Cette fois, la diversion fut complète. Ses devoirs de capitaine l'occupèrent exclusivement.

L'équipage, composé de braves marins qui, tous, s'étaient déjà trouvés au feu, soit avec l'un, soit avec l'autre des deux officiers, était rempli d'ardeur et de confiance.

Tous, sans excepter le mousse Rafiau, avaient naguère pris part aux glorieux combats du *Foudroyant* dans le golfe et à la hauteur du cap Finistère. Les gens du bord, anciens canotiers ou canonniers de l'escadre, étaient en outre aguerris par les escarmouches quotidiennes qui avaient eu lieu depuis le blocus en rade des Basques ou de l'île d'Aix. Quelques-uns avaient coopéré au hardi coup de main auquel Frédéric devait son épaulette; les autres avaient fait cinquante corvées d'avant-postes dans les embarcations armées de caronades et d'espingoles.

L'habitude de tant d'engagements réitérés durant plusieurs mois consécutifs, donnait aux compagnons de Kéravel et d'Edmond de Guimorvan cette bravoure calme qui manque souvent aux plus intrépides et qui est si nécessaire aux marins, surtout à bord d'un petit navire où les chefs sont toujours trop peu nombreux.

Dans un canot, dans une péniche et même sur une canonnière de dix canons, comme la *Railleuse*, le moindre combattant doit avoir sa valeur personnelle et sa spontanéité. Le courage passif, la subordination mécanique du soldat seraient insuffisants, il faut que le matelot soit aussi intelligent que brave; suivant les circonstances, son coup d'œil, son instinct pratique, son zèle calculé viendront en aide au capitaine ; en un mot, sa tête à lui dernier des subalternes, peut agir autant que son bras.

Qu'un cordage important soit coupé, sans attendre un ordre précis, le tirailleur posté dans la hune, laissera son mousquet pour aller le remplacer ou le rajuster au plus vite. Malgré le commandement d'accélérer le feu, le canonnier lui-même négligera sa pièce pour éteindre les fumerons qui risquent d'enflammer une voile ou un cordage goudronné ; et ainsi de tous les autres marins quels que soient leurs postes de combat et leurs attributions.

Voilà ce qui fait d'un vrai matelot un serviteur essentiellement différent du meilleur soldat. Celui-ci ne raisonne jamais, il obéit ; celui-là, simple pion à bord d'un navire, — et d'un petit navire, surtout, répétons-le, — est entraîné par la force des choses à raisonner sans cesse. Le point où le libre arbitre d'un matelot doit disparaître devant l'obéissance à la lettre, se déplace devant mille incidents incalculables même en temps de paix, même dans les manœuvres journalières.

Et voilà aussi en quoi l'art de gouverner un équipage est infiniment plus difficile que celui de commander toute autre troupe.

A bord de *la Railleuse* heureusement, la bonne volonté générale simplifiait la tâche de Kéravel. Le branle-bas de combat fut à peine commandé que chacun rivalisa de zèle intelligent.

En un clin-d'œil, les mèches furent allumées, les petites armes prêtes, les soutes ouvertes, les bailles remplies d'eau, les grappins pendus au bout des vergues, les cordages de rechange disposés, les hommes rangés à leurs postes.

Pour sa part, Rafiau, pourvoyeur de la pièce de chasse, avait son gargoussier garni sous le bras gauche, et la main droite sur le couvercle, conformément au septième commandement de l'école du canon. Si le capitaine, et le lieutenant, et les plus braves ressentirent quelques vagues inquiétudes, le mousse fut joyeux comme un pinson qui prend son essor. Il se penchait curieusement au sabord du premier canon, il n'avait d'autre désir que de voir commencer la bataille.

Certes! il eût volontiers donné cours à son caquetage enfantin sans l'ordre rigoureux d'observer le plus grand silence; il s'en dédommageait en songeant à ses anciens du *Foudroyant* : maître Palanquin et Jean-Pierre Croche-Cœur.

— Pauvres vieux! poursuivit-il, ils n'ont pas comme moi la chance de se ficher une brûlée à bord d'un navire monté par messieurs Kéravel et Guimorvan ! En auront-ils du regret ! et moi, leur moussaillon, j'y suis pour de vrai ! C'est le cas, s'il y a mêche, de me montrer fameux à leur place à ces pauvres vieux !...

L'épithète de vieux, fort applicable à Palanquin, ne convenait guère en 1809, on doit le dire, au sémillant Croche-Cœur, mari de Suzette Barberousse ; mais, aux yeux d'un mousse de dix ans, tout gabier paraît aussi vénérable qu'un sénateur romain.

— Le brig signalé, bâtiment d'échantillon un peu supérieur à celui de *la Railleuse*, s'approchait rapidement. A son gabari, à la coupe de ses voiles, à sa pose sur l'eau, les marins ne tardèrent pas à juger qu'il était anglais.

Edmond, s'approchant de Kéravel, porta

la main à son chapeau et lui dit avec une solennité militaire :

— Nous sommes parés, capitaine.

— Peste! répondit Frédéric d'un ton léger, si tu es impitoyablement facétieux dès qu'il s'agit d'amour, en service tu es plus sérieux qu'un moine!..

— Mon cher, répliqua le jeune lieutenant, ceci est ma règle, à moi. Je veux servir d'autant plus serré que tu es mon meilleur ami.

— Brave Edmond!

— Je ne voudrais pas qu'il me fût possible de mieux faire sous les yeux de l'empereur.

— Merci mille fois! s'écria Frédéric touché de cette nouvelle marque de dévoûment fraternel.

— Ah! tu passes à ton tour au ton tragique! Assez! dit Edmond; tes ordres s'il te plaît?

— Je prendrai d'abord ton avis.

— Nous ne sommes ici que deux coques de noix et deux poignées d'hommes, dit Guimorvan, mais nous allons jouer aussi gros jeu que deux escadres de mille canons. Je pense que ce brig est l'éclaireur d'une division anglaise. Un combat long et bruyant ne manquerait pas de nous attirer sur le corps une foule d'autres croiseurs; il faut trouver un moyen d'enlever l'affaire en deux temps.

— Tu parles adorablement, Edmond, j'y songeais.

Les deux amis se concertèrent et firent preuve de plus de prudence qu'on n'eût été en droit d'en attendre de deux têtes si jeunes et si pétulantes.

Par les ordres de Frédéric, cinquante

marins armés jusqu'aux dents se cachèrent dans le rouf de l'arrière, sous des prélarts autour de la chaloupe et même dans l'entre-pont, Edmond était retourné à son poste de lieutenant, auprès de la pièce de chasse.

Peu après, le brig anglais arbora son pavillon et l'appuya d'un coup de canon à poudre; *la Railleuse* n'arbora pas le sien, mais exécuta précipitamment une manœuvre en apparence embarrassée. — Elle feignait de fuir. Elle prenait chasse devant le brig, dans le dessein de s'éloigner autant que possible des gros navires de sa division.

— Ah ça! que fricassons-nous! demanda tout bas au maître d'équipage ce même gabier de beaupré dont on a dû précédemment apprécier les fleurs de rhétorique.

— Sois calme mon garçon!... le capitaine et le lieutenant n'ont pas causé pour ne rien dire: ils ont tiré leur plan, et ceux qu'ils ont logés dans les recoins n'y demeureront pas à perpétuité.

— Malgré ça, nous filons devant l'Anglais, comme si nous avions peur.

— Peur! répondit le maître d'un ton d'autorité; tu ne vois pas que nous jouons au jeu de *cours après moi que je t'attrape!...* Regarde le capitaine, il se frotte les mains et semble rire en dessous, regarde M. Guimorvan, il clignotte des yeux, c'est bon signe... L'Anglais mord à leur idée apparemment.

A cet égard, le maître se trompait. *La Railleuse* voulait paraître si faible et si dégarnie de monde, que l'ennemi, se croyant certain d'une victoire facile, la poursuivit sans jeter l'alarme. Mais l'Anglais tiraillait continuellement; ses boulets effleuraient la carène de la canonnière. Frédéric revira soudain, et se voyant à bonne portée, il présenta le travers :

— Canonniers! commanda-t-il, pointez dans sa mâture, pas trop haut! Et feu! au plus tôt paré!...

La première bordée éclata ; le combat s'engageait.

Rafiau courut à la soute, rapporta une seconde gargousse aux servants de son canon et palanqua vaillamment sur les garans de côté pour remettre la pièce en batterie. Son cœur battait de plaisir, une ardeur martiale rayonnait sur ses traits enfantins.

Aux quatre autres pièces de tribord régnait une égale activité.

Cependant Frédéric éprouvait une émotion violente. Jusqu'ici ses efforts avaient été sans résultat, sa première feinte comme son ordre de pointer à démâter. L'anglais n'avait d'autres avaries que d'insignifiantes déchirures dans ses voiles, il s'avançait en démasquant une à une ses six bouches à feu de babord.

Au bout d'une minute d'attente, le *Firedrake*, brig anglais de 12, fut par le travers, à petite portée de fusil, de la canonnière française de 10 *la Railleuse*.

Les gens des deux équipages pouvaient se compter.

En appelant à lui tout son monde, Frédéric aurait laissé juger de sa force numérique et de ses intentions d'en venir promptement à l'abordage ; mais en continuant à se priver de la moitié de ses hommes, il perdait une force précieuse au début de l'action, quand le succès peut encore dépendre de la vivacité des mouvements.

— Canonniers ! cria-t-il après une seconde d'hésitation, visons mieux !... et à démâter toujours !...

Puis s'adressant à Edmond :

— Lieutenant, pointe toi-même sur son gouvernail.

L'aspirant de marine prit aussitôt la place du chef de pièce au canon de chasse que pourvoyait Rafiau, et avec une lenteur méthodique, il visa.

Une grêle de projectiles pleuvait à bord. Les moindres embardées de l'un ou de l'autre navire contrariaient le pointage. Edmond s'était porté en arrière de la pièce au delà du recul, tenant à la main le cordon de platine, l'œil fixé sur les points de mire, attendant l'instant favorable avec la patience et le sang-froid d'un vieil artilleur. Il vit tour à tour sous sa volée le grand mât, la roue du gouvernail et même le capitaine anglais ; il ne fit point feu.

Du haut de la mâture une voix jeta ce cri sinistre :

— Voiles!... trois voiles... haut mâtées... au vent à nous!

A bord, les plus valeureux frémirent. Edmond ne tressaillit pas. Immobile, le corps incliné en avant, le genou gauche plié, la jambe droite allongée, il ne s'occupait que de son opération.

Mais Kéravel, entendant signaler trois voiles ennemies, pâlit, et commanda d'une voix tremblante de colère :

— Debout! debout tout le monde! aux bras de tribord devant!

Ses marins surgissant, de tous côtés, se précipitèrent sur les bras. Pour la dernière fois, Frédéric modifiait ses desseins; il en revenait à peu près à son projet primitif. Il allait tenter l'abordage à tous risques.

Le capitaine du *Firedrake* ne réprima point un sourire de satisfaction.

— Je me doutais bien qu'on me cachait la bonne moitié de l'équipage! dit-il; mais les gaillards ne s'attendent pas à ce que je leur réserve, moi, en cas de besoin.

Ce monologue intime fut interrompu par un intraduisible juron britannique. — Le *Firedrake* ne gouvernait plus par la concluante raison qu'il n'avait plus de gouvernail. Un maudit boulet avait frappé droit au milieu de la mèche et brisé les ferrures avec le safran.

— Ma foi! dit Edmond de Guimorvan. j'en ai le genou gauche tout engourdi..... Chef! reprenez votre pièce!... Je ne donnerais pas ce coup de canon pour la couronne de Westphalie! Chargez à double projectile, boulet rond et mitraille, et en plein bois, à hauteur d'homme par le grand mât.

— Suffit, lieutenant!

— Ne vous pressez pas trop surtout! Vous avez vu comment ça se pince.

— Oui, lieutenant, j'ai vu! répondit le pointeur jaloux d'imiter l'aspirant de marine.

La pièce n'était pas rechargée, que Rafiau, glissant comme une anguille à travers les gens de la manœuvre, rapportait sa troisième gargousse.

A bord du *Firedrake*, serré de près par *la Railleuse*, le capitaine s'écria bientôt :

— Je vois parfaitement, mes petits Français, que vous vous décidez pour l'abordage... Et moi aussi, maintenant!...

En moins de temps qu'il ne nous en faudra pour expliquer la cause de sa résolution, les deux navires furent étroitement accrochés de long en long, l'avant de l'un touchant à peu près l'arrière de l'autre, ce qui prouvera aux marins que chacun des deux capitaines avait déjoué les feintes de son adversaire en manœuvrant le mieux possible.

Si le *Firedrake* avait encore joui de toute sa liberté d'évolution, il eût tenu à conserver le double avantage de son calibre plus fort et du nombre supérieur de ses pièces; mais après la perte de son gouvernail, la position devenait fort différente. La canonnière pouvait s'évader, et même, avant de fuir les voiles signalées, tourner autour du brig en lui causant des avaries irréparables; — l'abordage était ainsi mille fois préférable à une lutte à coups de canon, eu égard surtout aux ressources secrètes dont le *Firedrake* disposait.

D'autre part, si de nouveaux ennemis n'avaient surgi à l'horizon, Frédéric eût été fou d'égaliser la partie au moment où le brig anglais ne gouvernait plus qu'avec ses voiles ; — mais entre la retraite immédiate et un impétueux abordage, l'enseigne ne balança point.

Ainsi, les deux bâtiments se facilitèrent réciproquement la manœuvre ; les deux coques se heurtèrent et craquèrent à la fois ; on sentit le choc sans l'entendre, car Frédéric avait commandé l'assaut en criant : « Vive l'empereur ! » et le capitaine anglais avait riposté par un hourra, signal convenu dont l'effet fut terrible.

Les marins français, conduits par Edmond de Guimorvan, capitaine d'abordage, se trouvèrent tout à coup sous le feu d'une compagnie entière de soldats de marine, qui se dressait à l'improviste sur les dromes du brig ennemi.

Telle était la ressource dont disposait le

*Firedrake* en sa qualité de mouche de la division anglaise.

Edmond seul arriva dans les haubans du brig ; dix de ses compagnons retombèrent blessés en dedans des bastingages, vingt autres qui les suivaient disparurent comme frappés d'une terreur panique, les dix derniers qui n'avaient pas encore pu monter s'arrêtèrent.

Un cri de victoire retentit à bord du *Firedrake*.

Edmond prenait son élan pour sauter des haubans sur le pont du brig, il se retint, déchargea seulement son pistolet sur le capitaine qu'il blessa, regarda en arrière, vit d'un clin-d'œil que la retraite lui était coupée et monta rapidement dans les cordages Vingt coups de fusils furent tirés sans lui faire de blessure grave ; un gabier anglais, la hache au point, l'attendait au bord de la grand'hune; mais de la hune de misaine de *la Railleuse* partit un coup de mousquet qui sauva l'aspirant en cassant la tête du matelot.

Le cadavre glissa et tua l'un des soldats de marine.

Edmond de Guimorvan se trouva sur la grand'vergue du brig ennemi.

De là, il s'aperçut que la face du combat venait de changer, et que le hourra victorieux du *Firedrake* était prématuré tout au moins. — A l'aspect des fusiliers anglais, les marins du peloton d'abordage, comprenant tous à la fois que leur capitaine était surpris par une ruse, s'arrêtèrent avec cette intelligence qui est le propre des bons matelots; les uns se couchèrent à plat dans les bastingages; les autres purent même courir à leurs pièces, chargées conformément à la règle; ils permirent ainsi à Kéravel de commander le feu d'une dernière volée qui éclata soudain à bout portant; la compagnie de senteries, enlevée par la mitraille, roula dans les débris des dromes, des embarcations et des pavois, — et le peloton d'abordage français, se redressant aussitôt, l'action devint une épouvantable mêlée.

Edmond, perché sur la vergue, cria : Bravo! Il allait redescendre, quand la mâture craqua sous ses pieds. — Par un mouvement instinctif, il s'élance, tête baissée, dans la mer sans lâcher son sabre. Le grand mat du *Firedrake* y tombe presqu'au même instant, non sans écraser ou entraîner dans sa chute une foule d'Anglais.

Guillaume Rafiau, pourvoyeur du canon de chasse, et comme tel gardien du sabord, n'était pas resté inactif; lors de la fausse retraite des abordeurs, ce fut lui qui fit partir la pièce d'avant ; puis il appela pour qu'on vînt lui recharger son canon, et, s'armant d'une longue pique, il la croisa par le sabord.

Un incendie se déclarait dans les flancs du *Firedrake,* dont le capitaine blessé rallia autour de lui soixante marins ou soldats anglais :

— A notre tour, leur dit-il, en montrant la canonnière : A l'abordage !...

Kéravel, qui déploya durant toute l'action un admirable sang-froid, s'était hâté de faire sonner la retraite, de couper les grappins et d'orienter les voiles pour s'écarter du brig en feu. Ses mesures parfaitement prises, réussirent à son arrière ; il n'en fut pas de même à son avant.

Là, tous les Anglais devenant abordeurs d'abordés qu'ils étaient, réunissaient leurs efforts pour se tenir accrochés : la chûte de leurs mâts les servit alors, et grâce à leurs vergues qui formaient une sorte de pont volant, ils se précipitèrent du côté où Rafiau gardait son sabord.

L'intrépide mousse avec sa longue pique bien appuyée au coin du seuillet, porta plus d'un coup mortel ; or, tant il fit qu'il attira sur lui la colère de plusieurs soldats de marine :

— Chien de mousse ! tu ne mourras que de ma main ! cria un sergent de senteries qui s'introduisait enfin à bord.

Deux autres Anglais menaçaient l'infortuné Rafiau, quand Edmond arriva juste à temps pour le préserver de leur rage.

Le sergent périt, frappé d'un coup de pointe ; l'un des autres Anglais fut encore la victime d'Edmond. Le dernier tomba sous Kéravel lui-même ; car l'action s'était déplacée. Les Anglais, maître du passavant de tribord, s'y battaient avec le courage du désespoir.

Rafiau, blessé, dut pour la troisième fois la vie à Edmond, qui l'arracha de la mêlée et le fit porter dans la cale.

Alors Kéravel chargea l'infatigable aspirant d'aller, avec dix gabiers armés de haches, couper les espars et les cordages qui liaient toujours l'arrière du *Firedrake* à l'avant de *la Railleuse*; puis, à la tête de tous ses hommes, il se précipita sur les derniers ennemis, qui mirent enfin bas les armes.

Il était temps de vaincre et d'avoir pleine liberté de manœuvre.

Le brig en proie aux flammes, n'était pas assez loin pour que son explosion fût sans dangers; en outre, la division, composée de deux frégates et d'une corvette, accourait sous toutes voiles.

*La Railleuse* prit chasse. Quand le *Firedrake* sauta, elle en était déjà à plus de six encablures. Par bonheur, elle n'avait dans sa mâture aucune avarie majeure, car le brig, comptant sur son calibre plus fort, avait toujours pointé à couler bas. Edmond s'occupa d'aveugler les voies d'eau et fit pomper. Frédéric veillait à la manœuvre proprement dite. Il jeta dans un canot tous ses prisonniers, dont la présence à bord l'eût fort encombré; puis, se chargeant de toile, il prit l'allure du grand largue, la plus favorable à sa marche.

La brise, jusque-là ronde et fraîche, diminuait graduellement.

Deux heures après, le calme plat enchaînait les gros navires, tandis que la canonnière, caressée par quelques risées folles, filait encore près de deux milles à l'heure. La nuit vint alors. Des grains de pluie qui se succédèrent favorisaient Kéravel ; il eut l'adresse de se laisser dépasser par ses chasseurs dont on entrevoyait de temps en temps les fanaux de position.

*La Railleuse* fit ensuite un long détour dans l'ouest avant de se diriger décidément sur les Canaries, but de sa croisière d'enfant perdu, porteur de dépêches. Mais l'histoire de cette campagne de mouche, expédiée au devant des divisions et des convois français de la mer des Indes ou de l'Atlantique, — bien que remplie d'épisodes romanesques, — n'occupera que peu de place dans ces pages.

L'on n'y apprendra pas davantage si l'union de mademoiselle Joséphine Brissard avec M. Ferdinand de Hauteville fut un mariage heureux ou malheureux. D'autres héroïnes vont occuper le premier plan, à côté des divers marins ou aventuriers dont nous raconterons les nombreuses aventures, pendant et surtout après la campagne de la *Railleuse.*

Il doit nous suffire d'avoir mis en relief l'ardente amitié de Frédéric de Kéravel et d'Edmond de Guimorvan ; d'avoir peint leur bouillant courage, en racontant le premier combat de la canonnière, et d'avoir esquissé en passant la silhouette du mousse Guillaume Rafiau, qu'un dernier trait va compléter.

Le lendemain de l'action, le bras en écharpe, la tête entourée d'un bandeau, il s'avança d'un pas fort résolu sur le gaillard d'arrière, où les deux amis causaient ensemble, puis, portant la main à son bonnet :

— Permission de parler, s'il vous plait,

messieurs, dit-il avec sa gravité juvénile.

— Parle ! nous t'écoutons ! répondit Kéravel en souriant.

Le mousse avait préparé son discours, il l'avait modelé sur ceux de ses anciens du gaillard d'avant :

— C'est pour vous dire, messieurs, reprit-il, que je ne suis encore qu'un ver de cambuse, un fahi moussaillon, un rien du tout ; mais que je deviendrai un homme s'il plaît au bon Dieu, c'est sûr !... Pour lors, par ce moyen, avant comme après, je veux vous dire qu'il n'y a pas, dans tout l'équipage, ni en dehors, un matelot plus paré que moi à se faire échiner pour votre service à tous les deux, pendant toute ma vie, quand je deviendrais plus vieux que Mathieu Salé. Non, messieurs, il n'y en a pas un, pas même en comptant maître Palanquin et Croche-Cœur du *Foudroyant*... qui seront bien contents et la mère Barberousse, et madame Suzette aussi en apprenant, que M. de Guimorvan m'a déhalé de la patte aux Anglais ! Et si je vous dis merci à tous les deux pareillement messieurs, c'est rapport que vous êtes entre vous, des amis, des frères et des matelots finis; voilà !...

Raßau était ému en parlant ainsi, dans le style homérique du gaillard-d'avant ; des larmes de reconnaissance brillaient dans ses yeux mutins ; Kéravel et Guimorvan le remercièrent familièrement.

Le mousse n'avait pris conseil de personne pour faire cette démarche qui eut l'approbation unanime de ses anciens ; — aussi, tandis que Frédéric, remis en belle humeur par sa victoire de la veille, souriait ainsi qu'Edmond aux protestations chaleureuses de l'enfant du bord, le maître d'équipage tira, pour la cent-et-unième fois, l'horoscope de Rafiau, en répétant :

— Ce morceau d'homme, j'en réponds, mes fils, donnera un fin matelot, s'il fait peau qui dure. . . . . . . . . . . .
. . . . . . . . . . . . .

— Malheur aux Anglais ! avait dit Kéravel à Guimorvan le jour de l'appareillage, c'est sur eux que je me vengerai !...

La défaite du *Firedrake* était un commencement de vengeance; mais que n'eut point dit le jeune capitaine s'il avait su que le 11 avril 1809, le lendemain de sa mise en mer, avait eu lieu l'horrible attaque des brûlots de l'île d'Aix.

Frédéric et son ami Guimorvan ignoraient forcément le nouveau désastre qui jetait la marine française dans la consternation. Au moment où la *Railleuse* prêtait côté au *Firedrake*, à quelques lieues de Madère, la division de l'amiral Allemand était détruite, Rochefort venait d'être le théâtre de grands événements dramatiques qui sont désormais du domaine exclusif de l'histoire.

L'*Escadre invisible* cessa dès lors d'être fréquentée, le Vergeroux perdit son importance et c'est à peine aujourd'hui si quelques habitants du rivage se rappellent vaguement le double mariage de Suzette et de la mère Barberousse qui abandonnèrent leur établissement au commencement de la paix. Mais ils répéteront longtemps encore :

— Ah! que c'était un bon temps que celui de la guerre, comme les écus roulaient chez nous, les dollars et les piastres fortes s'arrimaient alors tout seuls dans nos sacs, et on faisait de fameuses noces!

FIN DE LA FOSSE AUX LIONS.

# LA CASE AUX PALMES

# CHAPITRE PREMIER.

### Salam !

« Salam ! salam ! le Sénégal est un serpent bleu qui glisse parmi les mangliers en mordant le sable d'or !

» De l'île de N'dar à Bakel, sur les deux rives du fleuve, dans le Oualo, dans le Cayor, jusqu'au milieu de la grande terre, et sur les bords de la mer sans fin, entre

Gorée et Portendik, il n'est pas de maître plus doux, il n'est pas de plus généreux seigneur que le capitaine Armand!... »

Ainsi chantaient les esclaves de la Case-aux-Palmes.

« Il n'est point de guerrier plus brave! » — ajoutaient les iolofs libres, qui l'avaient vu à la tête de ses soldats défendre Saint-Louis contre les Anglais.

« Parmi les dames de N'dar, — reprenaient les négresses, — en est-il une aussi belle que Maïssa la signare?... »

Courbées sous leurs fardeaux de fruits, les noires enfants du Oualo psalmodiaient sur un rhythme mélodieux :

« Maïssa est un collier d'ambre et de corail; les fleurs du rôte sont moins parfumées que son haleine; son sourire a la fraîcheur de la brise du large; son chant est le roucoulement de la tourterelle, sa voix est descendue sur mon cœur comme une rosée d'amour!...

» Un griot aveugle a fait ce chant pour une mesure de vin de palme et deux galettes de mil, que lui a données Yombott, la nourrice de Maïssa.

» Ecoutez, hommes vaillants, et vous aussi, belles filles de Guett-N'dar, écoutez la chanson du griot aveugle!... »

. . . . . . . . . . . . .

La Case-aux-Palmes était une petite habitation, située sur la rive gauche du Sénégal, presque en face de la pointe ouest de l'île Saint-Louis, que les indigènes appellent N'dar. Elle s'élevait à l'extrémité d'une large avenue de palmiers et au centre des bois qui occupent le versant méridional. L'excellente disposition des cultures faisait comprendre, dès le premier coup-d'œil, qu'un Européen intelligent avait dû présider aux travaux. Des champs de mil et de riz, bordés de plantations de bananiers, se déployaient sur les terrains qui avoisinent le fleuve ; des champs de manioque et de patates douces, entourés de rideaux de cocotiers, occupaient les terres défrichées sur les hauteurs. Des chemins qui serpentaient à travers le bois, avaient été ménagés pour faciliter le transport des produits jusqu'à un petit pont servant d'embarcadère.

Ces soins et une foule d'autres du même genre, permettent de comparer la propriété de M. Armand de Guérigny — vulgairement appelé le capitaine Armand, — à une habitation de second ordre de l'île Bourbon ou des Antilles; mais au Sénégal, simple colonie d'échanges, la Case-aux-Palmes méritait le premier rang entre les rares domaines de quelque étendue, possédés par des colons français.

Le logis principal avait un aspect agréable qui indiquait une riche aisance; il était composé d'un haut rez-de-chaussée et d'un premier étage, dont faisait le tour une galerie couverte formant belvéder.

A l'est et au midi, la vue était bornée par des collines étagées en amphithéâtre et chargées d'une luxuriante végétation; à l'ouest, se déroulaient le fleuve, sa redoutable barre, passe trop féconde en naufrages, et au delà, l'Océan. Au nord, le fleuve encore, et l'île de sable où est construite la petite capitale des établissements français; et puis l'autre rivage, avec ses hameaux nègres, ses pêcheries de pargo, ses monticules verdoyants, ses vallées et ses rizières.

Maïssa se tenait presque constamment sur le balcon du nord. C'était là qu'elle avait coutume d'attendre Armand, quand il allait à la ville; de là elle assistait au spectacle mouvant des pirogues, des barques de Laptots, des navires de guerre ou de commerce. Depuis que la colonie avait été restituée à la France, c'était de là qu'elle voyait descendre à terre et s'avancer dans l'avenue les anciens camarades de son époux, et aussitôt elle les accueillait, en vraie signare, avec l'hospitalité un peu fastueuse des métives du Sénégal.

Maïssa, fille et petite-fille d'Européens, était, par sa mère, d'origine mauresque; elle avait le teint légèrement brun d'une Andalouse, les traits d'une pureté antique, les cheveux noirs et lisses, les yeux noirs, chatoyants, et fréquemment voilés par une mélancolie contemplative. Rêveuse et nonchalante, elle ne s'animait qu'à l'approche d'un danger réel ou imaginaire.

Pour un pressentiment de malheur, pour un présage, pour une de ces craintes superstitieuses qu'engendrent si aisément les croyances africaines, Maïssa bondissait comme un faon. Sa taille souple se développait alors; son sang refluait vers ses tempes, le corail effaçait l'ambre, elle écoutait, attentive, et ses grands sourcils noirs se fronçaient. La molle signare, abandonnant sa natte iola ou son hamac indien, se transformait en amazone.

Si l'amour ou la colère faisaient battre son cœur, ses yeux lançaient des flammes, c'était l'éruption d'un volcan.

Elle avait été vue ainsi à Saint-Louis, lors de la dernière attaque de cette ville par les Anglais; telle la peignait le chant du rapsode griot.

Les jeunes négresses de la Case-aux-Palmes s'animaient au travail en répétant les strophes composées à la louange de leur maîtresse :

« Qui a oublié les grands combats de N'dar n'a pas été allaité par le sein d'une femme !... Quand le capitaine Armand en eut frappé cent avec sa lame d'acier, il eut soif.

» — Tu as soif, mon bien-aimé, dit Maïssa la belle signare; je t'ai apporté ce vin de palme pour soutenir ta force; bois, mon bien-aimé !

» Il était plus noir, par la poudre, qu'un iolof du Oualo, plus noir qu'une nuit d'orage !

» Mais il n'avait pas pris le vase qu'une balle de plomb le renversa !

» Salam! salam! le Sénégal est un serpent rouge qui nage parmi les hautes herbes et les teint du sang des guerriers!

» — Maudits ceux qui ont frappé mon

bien-aimé!... Ah! puisqu'il ne peut plus se battre, la ville est perdue!

» Maïssa la signare releva son bien-aimé, elle le plaça sur son épaule, ainsi qu'une mère fait de son enfant.

» Avec le sabre du capitaine, elle frappait les ennemis comme la foudre. Son regard était du feu. Le Djoliba est moins rapide, la barre du Sénégal moins terrible.

» Quand elle entra dans la case, ses yeux étaient remplis de larmes :

» — Yombott, ma nourrice, mon bien-aimé perd tout son sang, son âme glisse sur ses lèvres. Si, par un de tes philtres, tu ne me rends pas mon bien-aimé, ta fille est morte!

» — Non; ma fille ne mourra pas! Quatorze soleils n'ont pas encore passé sur elle! Quatorze ans n'est pas l'âge de mourir; quatorze ans est l'âge d'aimer! Avant deux lunes, il sera guéri.

» Et quand la troisième lune sortit des eaux du Sénégal, celle qui avait porté à boire au brave Armand, celle qui l'avait veillé quarante jours et quarante nuits, se mirait en riant dans les yeux bleus de son bien-aimé.

» Le capitaine français a pris pour femme la signare Maïssa; toutes les filles de N'dar ont dansé de joie au son du tam-tam et de la guitare à trois cordes.

» Salam! salam! le Sénégal est un serpent vert qui rampe à travers les keks jusqu'à la grande mer sans fond! »

. . . . . . . . . . . . .

La chanson décrivait ensuite le mariage qu'elle célébrait comme un fait presque sans exemple, car M. Armand de Guérigny épousa la signare à l'européenne, devant l'église, et non suivant les usages du Sénégal, qui autorisent et légitiment en quelque sorte, dans la caste des signares, des unions temporaires limitées à la durée de la résidence du mari dans la colonie.

Le chant de la Case-aux-Palmes ne s'arrêtait pas toutefois aux félicitations du rapsode. Historien fidèle, il n'avait rien caché. Quelques strophes menaçantes assombrissaient le récit héroïque du mariage de Maïssa :

« Moctar, Moctar le frère de l'épousée — continuait le griot, — Moctar a pris la fuite en jetant à sa sœur une malédiction noire.

» — Une malédiction, le jour de ma noce! Oh! nourrice, je suis perdue! mon frère Moctar m'a maudite!

» — La malédiction d'un traître retombe sur sa tête!... ne crains rien!... Tu donneras à tes enfants des noms bénis. Yombott, ta nourrice, te les apprendra.

» Maïssa est un palmier fleuri. Trois jeunes fleurs se sont épanouies sur le palmier. Voici les noms que Yombott leur a donnés :

» Mzaouda, *heureuse!* Mzaouda, semblable au soleil qui se lève, a le front couleur d'or, les lèvres couleur de feu; ses yeux ont l'éclat du ciel qui entoure le soleil.

» Saïbolé, *lion indomptable,* c'est le nom d'un guerrier! Saïbolé sera un lion comme son père! Saïbolé sera le démon des combats!

» Sléma, *sauvée!* Sléma est semblable à la lune de la saison des palmes. Près d'elle le lait serait noir et la rose sans fraîcheur; la fleur du dièghe est moins jolie aux yeux!

» Les laoubés ont prédit à Maïssa que ses trois enfants régneraient sur la terre et sur les mers... Les laoubés savent l'avenir.

» Deux reines et un prince sont les enfants de Maïssa la signare. La plus fortunée des mères de N'dar est la dame de la Case-aux-Palmes.

» Salam! salam! le Sénégal est un serpent noir qui roule au milieu des roseaux en mordant le sable d'or! »

. . . . . . . . . . . . .

« Un griot aveugle a fait ce chant pour une mesure de vin de palme et deux galettes de mil que lui a données Yombott, la nourrice... »

Mais la complainte ayant été récitée devant Maïssa la belle signare, le griot aveugle ajouta :

» Maïssa toujours a la main ouverte; les cases de Maïssa sont ouvertes comme sa main.

» Le Sénégal, peuplé de caïmans féroces, nourrit le plus exquis des poissons du monde, le pargo que dessèchent nos pêcheurs. Dans le cœur de Maïssa ne nage aucune pensée méchante, l'amour et les sentiments généreux sont les pargos de cé fleuve plus limpide que le ciel.

» Salam! salam!... Le Sénégal est un serpent bleu qui glisse, parmi les mangliers, en mordant le sable d'or..... «

Tel était le chant, l'histoire et la légende de la Case-aux-Palmes; et le plus souvent on passait les strophes qui rappelaient une malédiction; — mais le soir, dans les cases à nègres, des récits contés à voix basse étaient inspirés par le souvenir du traître Moctar, qui avait piloté les Anglais sur la barre du Sénégal, pour leur livrer la colonie.

Moctar, le frère de Maïssa, ne recueillit que de l'or et des mépris, tandis que le brave capitaine Armand, prisonnier sur parole, jouissait, parmi les vainqueurs, de l'estime due à son courage.

Moctar, honteux et jaloux, voulut empêcher le mariage de sa sœur avec l'officier français; Maïssa l'appela traître et le chassa de chez elle; les nouveaux maîtres du Sénégal l'expulsèrent de Saint-Louis. Il partit en maudissant la signare, en menaçant Armand qui dédaigna son courroux, et en jurant de se venger des Européens qui l'abreuvaient d'outrages.

Une quinzaine d'années s'étaient écoulées depuis ces événements, exactement contemporains du combat de *la Railleuse*, de Frédéric de Kéravel et d'Edmond de Guimorvan, contre le brig anglais *le Firedrake*. A la Case-aux-Palmes, pourtant, la tradition restait vivace, quoique l'on n'eût plus entendu parler du perfide pilote Moctar. On ne savait même s'il avait quitté la colonie par terre ou par mer.

Mais si le ciel se couvrait de nuages, si le vent du désert brûlait quelque plante aimée de Maïssa, si un corbeau égaré volait autour de la Case-aux-Palmes, si, dans les bois ou sur la mer, un bruit sinistre retentissait, la superstitieuse signare songeait, en dépit d'elle-même, aux malédictions de son frère Moctar.

Le soleil des tropiques avait respecté la beauté de Maïssa. A l'âge de trente ans, quand la plupart de ses compatriotes sont déjà flétries, l'ardente Sénégalaise semblait être la sœur aînée de sa fille Mzaouda.

Sléma n'était encore qu'une enfant blanche comme l'ivoire; ses cheveux châtains et ses yeux noirs tranchaient vivement sur les nuances délicates de son teint; elle tenait de son père une vivacité plus française, un sourire plus enjoué que celui de Mzaouda, la brune enfant du Sénégal.

Mais Saïbolé, à peine âgé de huit ans, conservait dans toute sa pureté le type maternel. Enfant farouche et sérieux, il était Africain par le regard, par les teintes bronzées de sa peau, par son opiniâtreté patiente, par ses jeux sauvages. Il annonçait un esprit rusé; son sang-froid précoce était extraordinaire; on ne lui entendait jamais pousser un cri d'effroi.

Au milieu de ses trois enfants, auprès de son mari, Maïssa la signare vivait heureuse à la Case-aux-Palmes, quand un jour Armand de Guérigny revint de la ville d'un pas plus lourd que de coutume.

La signare tressaillit; elle éprouvait un pressentiment fatal; le nom de Moctar glissa sur ses lèvres. En même temps elle courut au devant de son mari.

Armand paraissait soucieux, agité, mécontent comme s'il eût reçu quelque fâcheuse nouvelle; la tendre Maïssa l'interrogea d'un regard inquiet.

Avec des ménagements extrêmes, mais non sans efforts, Armand avoua qu'il était absolument obligé de céder aux instances de sa famille française, et de se rendre à Paris où l'appelaient d'importantes affaires :

— Son voyage, ajoutait-il, ne durerait que peu de mois. Il allait recueillir un héritage considérable, il allait revoir ses frères et sa sœur.

Maïssa la signare se prit à pleurer.

Depuis quelques jours les plus affreux augures lui faisaient redouter une catastrophe.

La barre n'avait jamais été si mauvaise; trois pirogues s'y étaient englouties; un cadavre à moitié dévoré par les requins avait été retrouvé sur la plage, au bout de l'avenue; un vent de feu, soufflant du nord-est, avait déraciné un tamarin chargé de fruits; une pauvre colombe, blessée par un oiseau de proie, était tombée aux pieds de Saïbolé; Mzaouda, épouvantée, avait rencontré un serpent noir; la nourrice ne parlait que de malheurs; un laoubé vagabond, sorte de bohémien nègre, avait proféré un blasphème en passant à gauche d'Armand.

Armand résista aux larmes et aux prières; il ne voulut même pas des amulettes préservatrices que lui offrait Maïssa.

— Une chrétienne, disait-il, ne devait point se laisser effrayer ainsi par des superstitions barbares.

Il embarqua.

Au moment de son départ, les habitants de la Case-aux-Palmes crurent entendre, sur les hauteurs, des craquements inexplicables; les bois avaient gémi. Maïssa, Yombott, Mzaouda, qui venait d'atteindre sa treizième année, restèrent en proie aux plus violentes inquiétudes.

Voilà pourquoi le tam-tam, la guitare à trois cordes et les chansons joyeuses ne retentissaient plus dans l'habitation. Les esclaves partageaient les craintes de leurs maîtresses. Voilà pourquoi, aussi, le nom redouté de Moctar était plus souvent prononcé dans les cases à nègres.

. . . . . . . . . . . . .

Les officiers français qui venaient rendre visite à la femme de leur ancien camarade essayèrent de la calmer par des raisonnements bien inutiles. L'un d'eux, lieutenant de vaisseau, d'un âge mûr, proche parent et intime ami du capitaine Armand, avait pris un parti meilleur. Le cousin Victor —

à la Case-aux-Palmes on l'appelait toujours ainsi — s'attachait à distraire la douleur de Maïssa, il détournait le cours de ses pensées, il lui donnait des heures de paix et d'oubli.

Victor avait voué une affection fraternelle à la femme et aux enfants de son cousin, mais c'était surtout la petite Sléma qu'il aimait. Elle était sa préférée. Auprès de la signare, il remplissait un devoir d'ami; Mzaouda était presque une jeune fille, et déjà, comme si elle eût été reine, elle gardait une réserve digne, ou même sévère; Saïbolé, sauvage et peu caressant, fuyait le plus souvent à l'approche de Victor; mais Sléma, rieuse, pleine de gentillesse enfantine, familière et gracieuse dans ses moindres gestes, accourait toujours en lui gazouillant mille ravissantes tendresses. Elle sautait à sa rencontre, se suspendait à lui par ses petits bras blancs et potelés, s'enlaçait à son cou en babillant avec une joie bruyante ; puis elle se taisait, glissait à ses pieds, se roulait sur les nattes, l'appelait, sautait d'un bond sur ses genoux, lui demandait une chanson ou un conte, fredonnait la chanson avec lui, ou, muette de plaisir, écoutait le conte en ouvrant ses grands yeux veloutés. Sléma était le bijou chéri de Victor.

Les jeux naïfs du lieutenant de vaisseau et de la petite fille, firent plusieurs fois renaître le sourire sur les lèvres de la triste Maïssa, mais ils ne parvinrent jamais, hélas ! à dissiper ses alarmes, trop tôt justifiées par une nouvelle fatale.

Après un court séjour à Paris, Armand de Guérigny, revenu à Nantes pour s'y rembarquer, avait été tué en duel.

Un inconnu, capitaine négrier, au dire de quelques personnes, l'avait provoqué et frappé d'un coup déloyal ; — le meurtrier, d'ailleurs, s'était soustrait à toutes les recherches.

## CHAPITRE II.

**Le nom sacré.**

En apprenant la mort de celui qu'elle avait tant aimé, la signare poussa un cri de désespoir et tomba sans forces entre les bras de sa nourrice.

Ensuite, elle pleura trois jours.

Le premier jour, elle pria comme une chrétienne, elle appela ses enfants par leurs noms français et leur parla de leur père avec noblesse; elle montra même quelques sentiments de pieuse résignation.

Le second jour, Maïssa se souvint qu'elle était née mahométane; elle invoqua Dieu en arabe; elle appela ses filles et son fils par leurs noms africains.

Le troisième jour, ses terreurs de mère imprimèrent à sa douleur un caractère nouveau, la superstition reprit le dessus, le souvenir de Moctar ne cessait plus de l'obséder.

— La malédiction et la vengeance de mon frère pèsent sur nous! murmurait-elle. Quelle est cet assassin inconnu? N'est-ce point Moctar lui-même, ou l'un de ses émissaires? Oh! mes enfants! mes enfants! qui préservera mes enfants de la haine de Moctar?

La vieille Yombott était auprès de Maïssa

et partageait son effroi en disant avec amertume :

— Celui qui dédaigne nos saintes amulettes est un infidèle ou un insensé!...

— Nourrice! interrompit la jeune femme, n'insulte pas à la mémoire d'Armand... Nourrice, songe à mes enfants que menace la fureur de Moctar!...

— J'y songe! oui, j'y songe! s'écria la vieille d'une voix rauque.

Et, se levant tout à coup comme par une inspiration soudaine, Yombott courut à l'autre extrémité de la salle; elle cessa de répondre aux lamentations de Maïssa, elle entonna à demi-voix un chant sauvage en faisant les apprêts d'une cérémonie bizarre.

— Je ne suis ni laoubé, ni griotte, murmurait-elle, je ne suis pas une diavandou qui jette des sorts funestes!... Je suis née sur une côte où le morphil et l'ébène abondent, sur une côte plus proche du soleil que les eaux bleues du Guett'-N'dar! Maïssa! si tu veux que je les sauve, Maïssa, mène-moi tes enfants!

La vieille négresse de Guinée s'accroupit secoua sa tête en étendant ses bras décharnés; elle montra tour à tour le ciel, la mer et les montagnes. Sa bouche prononçait des paroles dans une langue africaine que Maïssa elle-même ne comprenait point; elle appelait alternativement : Mzaouda, Siéma; Saïbolé.

La signare s'avança sur le balcon en ordonnant à ses enfants de rentrer au logis.

Les serviteurs de la Case-aux-Palmes répétèrent les ordres de leur maîtresse; Yombolt, Maïssa et les esclaves appelaient à la fois : — Mzaouda, Siéma, Saïbolé!

Le soleil se couchait dans des nuages teints de sang.

Sur le fleuve régnait un calme profond, mais l'air était lourd et chargé de vapeurs.

Au loin, déjà la mer grondait comme une hiène irritée, aux confins de l'horizon tourbillonnaient des colonnes de poussière, sur l'Océan jaillissaient des gerbes salées, les feuillages des collines les plus éloignées frémissaient, et l'on entendait les laptots crier avec épouvante en forçant de rames :

— Tornade ! tornade ! gare ! voici la tornade !

Quand Mzaouda, conduisant par la main son petit frère et sa petite sœur, entra dans la salle, la nuit était descendue sur le Guett-N'dar, et les vents se tordaient comme deux armées furieuses au dessus de Saint-Louis. Les palmiers se courbaient jusqu'à terre, les vieux arbres craquaient, des éclairs flamboyants sillonnaient le ciel noir, des torrents de pluie ne tardèrent pas à tomber; d'effroyables clameurs se succédèrent sans interruption.

La tornade avait éclaté.

Au dehors l'on n'entendait plus d'autre bruit que les vents et le tonnerre. Les cris humains, les mugissements des bestiaux étaient couverts par les hurlements sinistres de la tempête africaine.

Au dedans, une lampe suspendue éclairait la salle, et la vieille Yombott proférait des paroles magiques.

Maïssa palpitante pressa ses trois enfants contre son sein; elle leur fit signe de garder un profond silence, puis elle s'assit sur un coussin brodé.

Mzaouda prit place à côté d'elle.

La taille flexible de la jeune vierge Sénégalaise se ploya comme un bambou ; ses beaux yeux humides de pleurs se levèrent ; à chaque cil perlait un larme. La signare ne put que lui rendre un regard empreint de tendresse maternelle.

A leurs pieds se roulait Sléma dont aucun voile n'enveloppait les formes enfantines ; le sourire aux lèvres, elle semblait leur demander des caresses.

Mais Saïbolé, nu comme sa petite sœur suivant la coutume générale du pays, resta debout. Il passa seulement un bras autour du cou de sa mère ; ses regards sérieux étaient fixés sur la vieille Yombott, effrayante à voir en ce moment, se tordant, poussant des cris farouches, invoquant on ne sait quelles divinités du Dahomay ou du Gabon. Saïbolé ne sourcilla point.

Quelques serviteurs venaient de s'introduire dans le salle. Avec une crainte respectueuse ils se rangèrent en silence derrière le groupe formé par la famille de la signare.

Le tonnerre éclatait à chaque instant. Des ombres géantes glissaient sur les murs, A la lueur des éclairs, à travers la pluie, on apercevait parfois le fleuve semblable à un serpent de phosphore, et sur le fleuve les navires en péril qui dérivaient vers la barre.

Et cependant Yombott, s'inspirant du passé, s'efforçait de lire l'avenir; ses yeux roulaient dans leurs orbites, ses cheveux gris et crépus se hérissaient, les rides de son front s'étaient creusées; comme la pythonisse sur le trépied, elle entrait en délire.

Autour d'elle étaient rangés avec symétrie plusieurs instruments et une foule de ces talismans bizarres qui portent sur les côtes d'Afrique le nom vulgaire de *gris-gris*:

— la corne d'une chèvre, des coquillages roulés, des feuilles du Koran dans des sachets de cuir, des ossements enveloppés de morceaux d'étoffe, des calebasses pleines d'eau, une planchette où étaient incrustés des signes indéchiffrables, un réchaud allumé où rougissait la lame d'un poignard, et où bouillait quelque philtre préparé pour une opération magique.

Yombott trempa la planchette cabalistique dans le plus grand des vases; elle arrosa la corne de chèvre avec la même eau qu'elle but à longs traits; elle déchira sa coussabe, et alors couverte à peine par d'affreux haillons, elle baisa tour à tour la plupart de ses *gris-gris* en faisant des contorsions de possédée. Après avoir frappé sur le tam-tam, après avoir chanté encore plusieurs strophes de son chant barbare, après avoir répandu sur sa tête l'eau lustrale qui avait lavé ses divers talismans, elle souffla le feu où rougissait la lame d'un stylet effilé; — puis d'une voix cassée par l'âge.

« — Les laoubés l'ont prédit, s'écria-t-elle; les griots l'ont mis dans leurs chansons : — Mzaouda signifie heureuse! Heureuse sera Mzaouda! J'ai bu l'eau qui a baigné le *frétiche* (1) de mes pères; Maïssa, Maïssa, ma fille, ne crains rien pour le bonheur de Mzaouda!... »

Un coup de tonnerre ébranla la Case-aux-Palmes; la tornade redoublait de furie, mais la crédule signare, rassurée par la première prédiction d'Yombott, pressa sur ses lèvres le front de sa fille aînée.

« — Sléma! Sléma! sauvée! reprit la vieille esclave après de nouvelles contortorsions et de nouveaux cris sauvages; quel

(1) Fétiche.

danger peut t'atteindre, enfant plus blanche que le lait?... Sléma! la lionne affamée rampera devant toi et te présentera sa mamelle! Si la terre s'ouvrait sous tes pas, ton bon génie te soutiendrait!... Le tonnerre tombant sur toi glissera sans te brûler et caressera ton front comme un baiser de ta mère! Sléma! toujours sauvée!... ton nom est sacré!... ton nom est sacré!...»

Maïssa attira sur son cœur l'insouciante petite fille qui jouait à ses pieds avec la natte iola, sans même s'effrayer de l'orage dont la violence augmentait encore.

« — Mais, Saïbolé!... s'écria Yombott avec un accent de terreur; oh! Saïbolé! ton nom est celui d'un brave, ton nom est l'aimant des dangers, il les amassera sur toi! Quel talisman t'en préservera, Saïbolé?...

» Maïssa! vois-tu ce fer rouge?. . Maïssa vois-tu cette liqueur bouillante?... Si tu veux que ton enfant vive, que le nom de Sléma soit gravé sur son front en caractères de feu !... Saïbolé !

» Saïbolé ! que le nom sacré de Sléma te sauve de tout péril !... »

En disant ces mots, la vieille indigène de la côte de Guinée s'avança comme une furie, tenant d'une main le poignard rougi de l'autre le vase qui contenait la liqueur bouillante !

Et Maïssa, cédant à la puissance que la nourrice exerçait sur elle, lui conduisit elle-même son fils; deux nègres aidaient la pauvre mère.

Saïbolé se laissa faire d'abord sans résistance; mais dès que la lame eut touché son front, la douleur lui arracha des cris aigus. Maïssa frémissait ; Mzaouda, pâle et tremblante, Sléma même, entendant les plaintes de l'enfant, étaient frappées de terreur, pleuraient et gémissaient.

La vieille Yombott traça trois caractères arabes à la naissance des cheveux, quelques gouttes de sang fumèrent sur la lame du poignard. Ensuite, avec une sorte de pinceau trempé dans la teinture bouillante, elle rendit ineffaçable le nom sacré :

## S. L. M.

Au même instant, après un dernier coup de tonnerre, la tornade et l'orage s'apaisèrent soudain. Quelques étoiles brillèrent au ciel.

Les cris de Saïbolé cessèrent; mais l'enfant épouvanté, retenant ses larmes, repoussait les caresses de sa mère et de ses sœurs. Yombott épuisée, haletante, ivre de l'esprit divinatoire, venait de tomber sur la natte.

Un éclat de rire atroce retentit alors dans l'avenue :

— Eh! par le sang du démon! c'est bien ici, camarades! ajouta une voix en langue espagnole. Malgré la tornade, j'ai fièrement piloté la compagnie!...

— Alarme! criaient les nègres, au meurtre! aux voleurs!

A peine l'alarme était-elle jetée, que la porte de la maison fut défoncée par une troupe de marins armés jusqu'aux dents, qui garrottèrent Maïssa, Mzaouda et quelques-uns des serviteurs, dévalisèrent le logis, brisèrent les meubles, et s'emparèrent d'un coffre contenant en or et en bijoux une portion considérable de l'héritage d'Armand de Guérigny.

Le chef de la troupe de voleurs était enveloppé dans un vaste burnous arabe dont le capuchon cachait entièrement ses traits. Il commandait en espagnol.

Maïssa la signare, encore sous l'impression de sa douleur superstitieuse, murmura d'une voix étouffée :

— Dieux! les malédictions de mon frère!... Moctar le traître!... Moctar l'infâme!... C'est lui peut-être... Serait-ce Moctar?...

Elle essayait de le reconnaître; elle fixait sur lui ses yeux secs et enflammés. Ses tortures maternelles l'affolaient.

— Eh! eh!... du silence, les femmes, s'il vous plaît! par la barrique du diable! s'écria le chef des bandits.

— Et ces enfants, capitaine, demanda l'un de ses hommes, qu'en faisons-nous?

— Voyons... Une muchachita de six ans, ce n'est pas encore bon à grand'chose; mais petit poisson deviendra grand... Emportez-la. Quant au muchachito... ma foi, j'aime à rire.

Le capitaine se fit amener Saïbolé.

L'enfant le regardait fixément, sans donner le moindre signe d'effroi.

— Le petit drôle me plaît, dit le pillard ; il y a là de quoi faire un vaillant mousse.

A ces mots, il se retourna brusquement :

— Ah ça! mes bons amis, dit-il d'un ton à la fois menaçant et railleur, avez-vous envie que je vous plante mes balles de pistolet entre les deux yeux?... Ne perdons pas de temps, je vous prie.

Cependant, les esclaves de la Case-aux-Palmes appelaient au secours ; les laptots qui ramenaient leurs barques à Saint-Louis répétaient les cris d'alarme ; quelques coups de fusil furent tirés dans les bois.

— Dépêchons, par tous les diables! s'écria le capitaine-forban en relevant le capuchon de son burnous.

Maïssa, étonnée, ne le reconnut pas.

Une moustache et une barbe épaisses dissimulaient la partie inférieure de son visage ; son teint, excessivement coloré par l'effet sans doute des liqueurs fortes, n'était pas le teint jaune et mat de Moctar. Ses cheveux et ses sourcils grisonnaient. C'était bien la haute taille et la voix du traître ; mais son regard, — son regard pétillait avec plus d'éclat que pendant sa jeunesse.

Il avait placé Saïbolé sur son épaule pour descendre au rez-de-chaussée où les pirates achevaient les ballots et faisaient les derniers préparatifs de départ.

Un tumulte affreux régnait autour de l'habitation ; quelques braves iolofs, armés de fourches, essayaient de secourir Maïssa ;

déjà, du milieu du fleuve, des signaux répondaient aux cris des nègres; les forbans se multipliaient, repoussaient les attaques, faisaient des prisonniers, les chargeaient de fers et allaient partir. D'aventure, le capitaine en aperçut un qui buvait du tafia trouvé dans l'office. D'un bond, il sauta sur lui et lui asséna un tel coup de poing que le malheureux ivrogne tomba comme une masse sans articuler un mot :

— Bien tapé ! dit-il en riant aux éclats.

— Grâce, mon frère ! grâce pour mes enfants;... cria Maïssa la signare en se jetant enfin aux pieds du pirate.

A sa force herculéenne, elle avait cru reconnaître Moctar.

— Ah ! ah ! l'adorable plaisanterie ! reprit-il en riant de plus belle; madame me fait l'honneur de me croire de sa famille !... qu'on la bâillonne et qu'on l'emmène !...

En route!... Vous, mes vieux, prenez les devants avec le trésor et les esclaves!... Feu!... Feu! vous autres, feu sur ces chiens de nègres!

Le capitaine pirate ricanait en courant sus aux iolofs. Les noirs, mal armés, plièrent. L'avant-garde sortait à peine que les derniers forbans allumèrent l'incendie de toutes parts. La flamme enveloppa bientôt l'habitation; elle montait des colonnettes à la toiture; comme une torche gigantesque, elle éclairait la fuite des bandits. Déjà une troupe nombreuse de marins français guidés par les iolofs et commandés par Victor, les poursuivaient le long du rivage.

L'avant-garde, chargée lourdement et embarrassée par les captives, retardait la marche; l'arrière-garde protégea sa retraite.

Là se trouvaient Sléma, qu'aurait dû emmener l'ivrogne assommé par le capitaine, et Saïbolé qu'il portait toujours sur son épaule.

— Embarque ! embarque ! criait il.

— A moi, les canots français ! commanda Victor.

Avant que les canots de guerre fussent accostés, les prisonnières et le butin étaient au large.

Victor n'osait tirer sur le chef des forbans de peur d'atteindre Saïbolé. Il encourageait ses gens par son exemple ; il apercevait Sléma. Il voulait la sauver à tout prix.

— Corps du diantre !... Il paraît que sa seigneurie tient à la muchachita, disait le pirate en ricanant.

Victor le serrait de près. Mais une fusillade meurtrière n'avait pu empêcher les pillards de descendre dans leur second canot. Le capitaine mit Saïbolé entre ses jambes, et prenant par la main la petite Sléma :

— Jusqu'au plaisir de vous revoir, messieurs les Français, dit-il.

— Monstre! cria Victor désespéré, rends-moi cette enfant!

Dix coups de mousqueton ou de pistolet éclatèrent. Les Français s'embarquèrent à leur tour.

Victor, posté à l'avant de son canot, stimulait ses rameurs et ses tirailleurs :

— Avant partout!... Souquez! commandait-il!... Abattez ses canotiers!... Feu! mes amis! feu!...

Il avait défendu de viser sur le capitaine de crainte que Saïbolé ou Sléma fussent atteints :

— Le lâche...! il se fait un bouclier de ces deux enfants!

Le forban entendit et haussa les épaules.

Victor l'insultait avec une verve intarissable.

Deux bandits furent frappés de mort; la marche de leur canot se ralentit.

Chaque fois que Victor déchargeait sa carabine, le canot français gagnait une demi-longueur.

— Je t'arracherai tes prises, infâme voleur!... s'écriait-il.

Le forban, jusque-là, froid et railleur, s'emporta tout à coup :

— Triple damnation! nagez! cria-t-il à ses rameurs.

Sa figure devint cramoisie. L'incendie éclairait ses traits. La fureur le rendait hideux. Ses yeux sortaient de leurs orbites. D'énormes veines bleues se gonflaient sur son front, et de grossiers sarcasmes se mêlaient toujours à ses blasphèmes.

Les matelots et les iolofs prétendirent aussitôt que c'était le fameux Nathan-la-Flibuste. — Il était bien reconnaissable, disaient-ils, à sa peau rouge veinée de bleu, à ses jurons de païen, à ses railleries féroces. On venait de le voir au milieu des flammes comme une salamandre, comme un protégé du grand diable d'enfer.

Que ne devaient point dire, le lendemain, les signares de St-Louis?... Elles ne parlèrent que de Nathan.

Les officiers qui savaient, depuis longues années, la légende fabuleuse de Nathan-la-Flibuste, le roi Arthur de la piraterie, haussèrent les épaules à ce nom et à ces contes ridicules.

Dans le canot du lieutenant de vaisseau Victor, le nom de Nathan circulait à demi-voix :

— Si ce n'était pas Nathan-la-Flibuste,

murmura Jardinet le calfat, l'un des tirailleurs, je dirais, moi, qu'il est pris!...

— Il le sera! j'en réponds! dit Victor, si tu sais te manier.

Une balle de Jardinet mit encore un pirate hors de combat.

— Moi!... pris!... jamais!... hurla le chef des forbans.

Sléma tendait les mains à Victor; elle l'appelait à son secours; l'officier trépignait de douleur.

Le capitaine pirate, serré de près, palpitait de rage; il avait repoussé Saïbolé :

— Silence! dit-il à Sléma d'un ton farouche.

Mais les cris de la petite fille redoublèrent. S'adressant alors à Victor :

— Tu veux cette enfant!... Eh bien, elle mourra plutôt!... Tiens, regarde!

Il la prit par les cheveux, la suspendit

au dessus du fleuve, déchargea sur l'officier son dernier coup de pistolet et tira son poignard.

Il allait tuer la malheureuse Sléma.

— Victor!... Victor!... criait-elle encore en tendant les bras.

Victor fut blessé à la tête; il ne bougea point. Il tenait le pirate en joue. Au risque de toucher Sléma, il fit feu.

— Mort de mon âme! hurla le forban.

La balle lui fracassait le poignet.

Sléma tombait à la mer.

— Allez toujours! souquez ferme! cria Victor à ses gens en se précipitant à la nage.

On approchait alors de la barre encore grosse et qu'un pilote habile était seul capable de traverser. Tous les canots s'y engagèrent.

. . . . , . . . . . . .

FIN DU PROLOGUE.

# PREMIÈRE PARTIE

# SIDI ACHMED-BEN-ABDALLAH

# CHAPITRE PREMIER.

**La maison Crochecœur.**

L'hiver de 1820 fut rude à Rochefort. De mémoire de matelot, le nord-est n'avait soufflé si sec depuis plus de dix ans. Le bon feu allumé dans la vaste cheminée des Croche-Cœur n'en pétillait que mieux ; la vieille eau-de-vie et le gros vin de Saintonge n'en étaient que meilleurs, et le tabac de caporal fumé par les amis, tout en causant, n'en avait que plus de charmes.

— Une fois le temps et deux fois aussi, matelots, disait le père Palanquin doyen de l'assemblée, il y a plaisir à jaser les coudes sur la table entre anciens navigateurs.

Cette vérité profonde fut approuvée à l'unanimité.

Croche-Cœur, maître titulaire du logis, deux de ses fils et quelques autres marins, tels que Jardinet le Calfat, opinèrent du bonnet. La mère Croche-Cœur, maîtresse très réelle de la maison, et Odette, jeune et jolie saintongeoise de quinze ans, remplirent les verres à la ronde.

Le père d'Odette, Jean-Pierre, dit Croche-Cœur, ancien contre-maître de manœuvre était maintenant manchot et criblé de blessures. Comme par une fatalité, son bras droit avait été grièvement atteint en plusieurs rencontres; plus tard, à la suite de quelque imprudent effort ou par toute autre cause, par l'effet peut-être de ces chaleurs caniculaires qui brûlent les bords de la Charente, le bras s'affaiblit, se dessécha et fut affecté d'une carie, dont la science ne put que ralentir les progrès. Enfin, cinq ou six ans après la guerre, l'amputation devenue urgente, dût être opérée, et le fût, — chose digne de remarque,— par le docteur Esturgeot, chirurgien de troisième classe à cette époque, et qui est appelé comme on le verra bientôt, à jouer un rôle important dans l'histoire des *Princes d'Ebène*.

Croche-Cœur réformé obtint en récompense de ses actions de guerre, une place de gardien du sémaphore. Palanquin, son vieil ami le suppléait au besoin.

La modeste maison qu'ils occupaient

gratuitement avec leur famille, était une dépendance de la tour des Signaux; elle n'était point spacieuse, et certes elle ne valait pas à beaucoup près l'auberge de *l'Escadre invisible*, où Suzette épousa Croche-Cœur du temps que sa mère en était maîtresse et suzeraine. Mais, en mettant un terme aux grands armements, la paix, plus désastreuse encore que les revers maritimes, devait ruiner complètement, comme on le sait, le commerce de la défunte hôtesse.

La mère Barberousse, femme de Palanquin, avait depuis rejoint son premier mari dans un monde meilleur. — On ne lui entendra plus tenir d'homériques discours, mais la gentille Suzette, désormais mère de famille, occupe ses lieu et place. L'âge et l'expérience ont modifié son caractère, elle croit fermement aux superstitions maritimes. Une tête plus jeune a seule le privilége du doute et des railleries.

On avait donc vendu, tant bien que mal, le fond sis au Vergeroux. Nos braves gens s'estimaient heureux d'avoir à Rochefort le vivre et le couvert sans rien devoir à personne. Ils vivaient, du reste, fort passablement, grâce aux bénéfices de l'existence en commun. La petite rente qui représentait fort médiocrement l'ancien établissement du Verge-roux, les appointements de Croche-Cœur, les délégations des quatre frères d'Odette, tous quatre marins, et quelques profits éventuels des deux femmes qui s'industriaient à l'occasion, formaient en somme un avoir suffisant à tous les besoins de l'honorable case, où de vieux amis comme le père Jardinet recevaient toujours une cordiale hospitalité.

Ce soir là, le maître calfat, qu'on a vu au

nombre des tirailleurs du canot chasseur de Nathan-la-flibuste, Jardinet, parrain d'Odette, s'empressa de prendre la parole avec une verve fort appréciée des convives, car on fêtait la bienvenue d'un intime ou plutôt d'un enfant de la maison, Guillaume Rafiau surnommé l'*Homme du Colbert*.

Par un bizarre concours de circonstances, la destinée du jeune contre-maître et celle du 74 *le Colbert* étaient intimement liées, depuis le jour du lancement à la mer du vaisseau. — C'était en temps de guerre, — un complot infâme devait faire périr le navire sur les chantiers.

Quelques forçats soudoyés par les agens d'une nation ennemie, avaient installé près de la cale de construction un pétard qui devait être le signal de plusieurs catastrophes. Les mesures des galériens et de leurs complices étaient prises avec une exécrable habileté; *le Colbert* se fût crevé inévitablement, le feu eût été allumé en même temps aux quatre coins de l'arsenal, si le mousse Rafiau, récemment débarqué de la *Railleuse*, n'eût découvert par hasard la machine incendiaire. Il court, arrache la mèche des mains d'un forçat déguisé en ouvrier du port et qui veut en vain étouffer ses cris. Il appelle au secours, jette l'alarme et tombe frappé d'un coup de couteau.

Un tumulte extraordinaire suit cet accident, l'opération est suspendue par les ordres du préfet maritime présent sur les lieux, toutes les grilles du port sont fermées, les forçats sont ramenés au bagne et fouillés, l'on arrête des étrangers suspects, les preuves du complot abondent.

Rafiau fut pansé sous les yeux de l'amiral, tandis qu'on se remettait en devoir de lancer le vaisseau. Tous les officiers supérieurs, assemblés autour du préfet félicitèrent de son courage et de sa présence d'esprit le jeune mousse qui, voyant enfin *le Colbert* à flot, poussa un cri de joie et s'épanouit.

Déjà, dans la foule, on ne désignait Rafiau que sous le nom de l'enfant du *Colbert*.

Porté à la haute-paie de novice, il fut immédiatement embarqué sur le vaisseau qui entrait en armement, y passa trois années consécutives, s'y fit remarquer par sa bonne conduite et son intrépidité militaire, et y rembarqua vers la fin de 1817, quand *le Colbert* fut expédié dans la mer des Antilles.

Pendant cette seconde campagne, le vaisseau affalé en côte par un affreux ouragan, démâté, désemparé, chassait sur sa dernière ancre. Tous les câbles, toutes les chaînes avaient cassé. Rafiau, de concert avec un vieux maître, conçoit un projet qui parut d'abord insensé au commandant. Il sollicitait la faveur de risquer sa vie dans cette tentative extraordinaire, on ne voulait pas l'entendre. Il insiste, obtient à grand'peine l'autorisation d'essayer, s'élance à la mer et parvient à frapper sur l'ancre un léger cordage dont l'autre bout va s'amarrer à des roches situées au vent. Un va-et-vient est établi; une seconde amarre plus forte suit la première; un système complet de cordages y succède; l'ancre est empennelée, le vaisseau tient solidement, grâce au jeune gabier qui rentra enfin à bord épuisé de fatigue, mais ayant sauvé son *Colbert* pour la seconde fois.

En 1824, le vaisseau reprit armement; Guillaume Rafiau, quartier-maître de manœuvre, fit encore la campagne; et, au retour, en l'absence du pilote des pertuis, par un gros temps, au milieu d'épais brouillards, il remplit avec sang-froid et succès les difficiles fonctions de pratique. On affirme que sans lui *le Colbert* se serait brisé sur l'île d'Oléron.

De ces faits principaux et de quelques autres moins saillants, les riverains de la Charente avaient formé une légende : —

« Rafiau, disaient-ils, était l'enfant et l'homme du *Colbert*; c'était à bord du *Colbert* qu'il avait successivement obtenu tous ses grades. Hors de ce bâtiment qui lui portait bonheur, il n'avait jamais eu la chance de se distinguer. Enfin, si le noble vaisseau prenait jamais le large sans que son sauveteur fût à bord, navire et contre-maître périraient tous deux, le même jour et à la même heure, fussent-ils séparés l'un de l'autre par toute la largeur de l'Océan. »

Palanquin, Croche-Cœur et sa femme

Suzette, — Suzette autrefois si moqueuse, — tous trois anciens amis du second maître, ajoutaient foi à cette fable. Rafiau partageait leur crédulité; il s'était attaché au navire qu'il avait sauvé tant de fois; il n'était jamais venu à Rochefort sans le visiter; — mais *le Colbert* sans mâts, sans canons, la cale vide, et surchargé d'une triste toiture, dormait amarré dans le port. Guillaume Rafiau était maître d'équipage du trois-mâts marchand *le Malabar*, en déchargement à Bordeaux. Maintenant, il faisait une courte apparition dans la famille Croche-Cœur, qu'il regardait comme la sienne et où son intimité remontait au temps du *Foudroyant*; c'est à dire bien au delà de sa mémorable campagne à bord de *la Railleuse*.

— Allons! mes braves! encore une fois à la santé de Rafiau! s'écria Palanquin en haussant son verre ; trinque-là, mon garçon !.... et toi, femme !...... et toi, petite !...,.

La mère Croche-Cœur et Odette ne se firent pas répéter l'invitation, on trinqua.

En choquant son verre contre celui de la jeune fille, le nouvel arrivant la regardait avec une évidente expression de bonheur. Quand Odette, à son tour, porta la santé de de Guillaume Rafiau, la figure du marin rayonna de joie; mais les camarades, ni la jeune fille qui avait coutume de traiter Guillaume comme un frère, ni même la bonne femme Croche-Cœur, ne prirent garde à ces symptômes d'un amour encore muet.

— Rafiau ! tu es un vrai, un vieux fini ! s'écria Croche-Cœur le Manchot, tu n'oublies jamais les anciens du *Foudroyant*.

— Quand tu rentres à la maison, continuait le père d'Odette, c'est, comme on dit au Sénégal, un *grisgris* qui me chatouille le tempérament. Voyons! conte-nous un petit peu ton voyage : tu as été dans l'Inde, à Calcutta, à Bourbon, à Madagascar, pas vrai? Eh bien, qu'est-ce qu'on fait partout par là! qu'y a-t-il de neuf?

— Ma foi! répondit Rafiau en souriant, il y a qu'on y parle de Nathan-la-Flibuste, pour changer! En a-t-on assez blagué à bord du *Malabar*, quoique les officiers disent que ce n'est qu'un tas d'inventions de matelots!

— Les officiers, interrompit gravement Palanquin, le patriarche de la famille, sont tous pires que des saint Thomas; ils ont beau voir et toucher, on dirait qu'ils ont des yeux embrumés et des mains de machemoure.

— Eh bien, Rafiau, va de l'avant, ajouta Jardinet, qui était maître calfat de *la Mi-*

*nerve*; j'en sais déjà une fameuse pesée d'histoires sur ce particulier-là. Fais-nous l'ajut du nouveau avec l'ancien...

Le cercle des auditeurs se resserra. Tous les yeux se fixèrent sur le maître du *Malabar*. Animé par le bienveillant sourire d'Odette, Guillaume Rafiau se disposait à la charmer par ses récits; mais il comptait sans ses hôtes.

— Etant au mouillage de Bourbon, arrive sur la rade la frégate *l'Aréthuse*...

— Où M. de Kéravel est second, s'écria le vénérable palanquin! L'as-tu vu? As-tu été à bord?...

— J'allais le dire, et à preuve, c'est qu'ils venaient des mers de Chine où, donc il n'était question que d'un forban à peau rouge couturée en bleu.

— Ah! par exemple! s'écria Jardinet, je quitte un matelot qui jurait chez la mère

Barbelu que Nathan était à Rio-de-Janeiro ces mois passés.

— Et moi, ajouta Croche-Cœur, pas plus tard qu'hier, M. Vrimont, le chef de timonnerie, qui est toujours bien informé, me disait que s'il était ministre de la marine, il enverrait chasser Nathan sur la côte du Gabon.

— Eh bien! répliqua aussitôt Frédéric Croche-Cœur, le frère aîné d'Odette, j'ai vu sur les gazettes, moi, que Nathan arme une division de négriers à Saint-Thomas.

— Aurons-nous bientôt fini ? demanda le vieux Palanquin. Voilà donc l'*Aréthuse* au mouillage de Bourbon, tu montes à bord...

— Dam, continua Rafiau, M. de Kéravel, dès qu'il me voit, me fait entrer dans sa chambre :—« Comme un va-t-on à la maison Croche-Cœur? dit-il. — Ça va bien, commandant; merci pour tout le monde. Et vous-même?...» Nous blaguons un petit moment, comme de vieux amis...

— En voilà un officier, un brave ! et pas fier !...

— C'est dommage tout de même, dit la maîtresse du logis, qu'il ne soit plus gai, rieur et content comme à l'époque...

— Quand j'entends ma mère parler de même, j'ai peine à la croire, répartit Frédéric ; j'ai toujours vu mon parrain si sévère, raide comme une pince, avec une face de vent de bout, une mine à faire culer un trois-ponts...

— Tu ne l'as pas connu, mon garçon, lorsqu'il était aspirant de première, à bord du *Foudroyant*, en rade de l'île d'Aix, avec M. Edmond de Guimorvan, *son matelot*... un fameux bon enfant aussi, que celui-là...

— Oui ! un fameux ! murmura Guillaume Rafiau avec tristesse.

Edmond de Guimorvan et Frédéric de Kéravel, frères d'armes intimes, — comme on le sait, — Bretons tous deux, camarades de collége, rivaux d'études, émules de courage et de zèle, liés enfin par mille antécédents et par une amitié d'enfance, avaient jadis assisté à la double noce de Palanquin et de Jean-Pierre Croche-Cœur avec la veuve Barberousse et sa fille Suzette, aujourd'hui, dame suzeraine de la maison. Leurs noms y étaient vénérés.

—Au sujet de M. de Guimorvan, poursuivit Rafiau, j'ai eu le cœur en brindezingue, souvent, souvent !... Un homme qui m'a déhalé de la patte aux Anglais deux fois dans le même combat, et qui m'a encore sauvé la peau trois autres fois sur *la Railleuse...* Ça fait cinq bien comptées. Sans lui, au lieu d'être ici avec vous, mes anciens, près de vous, mère Croche-Cœur, en face de toi, la gentille Odette, Rafiau serait pourri au fond de l'eau, passé ration pour les requins et les morgates !... M. Edmond de Guimorvan, un sans-peur, un Français, et dire !... Toutes fois et quantes on parle de renégat, de forban, de damné scélérat devant moi, j'ai des idées... des idées trop chagrinantes... Non ! ce n'est pas possible qu'un homme pareil ait viré au Nathan-la-Flibuste !...

— Nous savons tous ce qu'était M. de Guimorvan, dit le vieux Palanquin, mais les meilleurs fruits se gâtent. Il faut bien peu de chose pour ça; la piqûre d'une mouche, un coup de soleil, quelques gouttes de pluie mal à propos. Voici mon matelot Croche-Cœur, eh bien ! vous le savez tous, il a manqué mal finir pour une piqûre d'amour...

Rafiau regarda Odette en soupirant, pendant que l'auditoire payait d'un rire approbateur l'éloquente comparaison de Palanquin.

— De même, M. de Guimorvan, qui sait ce qu'il est devenu ?...

— On a dit qu'il était mort, le pauvre jeune homme ! objecta la mère Croche-Cœur.

— Mort ! ça n'est pas prouvé !

— Mort !..... Peut-être serait-il mieux mort que vivant rénégat, banian, déserteur...

— On a dit bien des choses ! reprit Rafiau ; mais moi qui étais sur *la Railleuse*, je n'y connais rien, je n'ai rien vu !... En temps de guerre, au moment de l'appareillage, absent ! nous étions en branle-bas de combat, nous nous battons, absent !... A-t-il déserté ? Qu'a-t-il fait ? Pourquoi M. de Kéravel, son frère, son ami fini, au lieu de rentrer à la Tronera pour le chercher continuait-il sa route? Pourquoi avait-il les yeux rouges et la face chavirée? C'était fini de rire!... Et jamais, à moi ni à personne, il n'a reparlé de M. de Guimorvan, son matelot... Voilà ce qui m'a donné tant à penser!...

Palanquin toussa d'une manière approbative; Croche-Cœur secoua lentement les cendres de sa pipe; Rafiau en revint à son point de départ :

— Donc, voici trois mois, à bord de *l'Aréthuse,* quittant M. de Kérvel, je passe sur le gaillard d'avant; il y avait là une division de camarades, Bordelais, Rochefortains, des pays : — « Ah! c'est toi! — C'est moi!... — Nous n'avions pas halé trois bouffées qu'ils commencent de suite au sujet de Nathan la Flibuste : « — On l'a vu mandarin, montant une jonque chinoise, toujours plus rouge que du feu, avec des serpents bleus sur la face. Il faisait sa navigation d'habitude entre Manille et la côte de Chine. Il vendait des peaux jaunes, des peaux noires, des blanches une fois le temps, des enfants, des femmes, et la marchandise ne lui coûtait pas cher, allez ! » Mais le commandant de la frégate, au lieu de lui appuyer la chasse, restait devant Canton, calme comme Baptiste...

— C'est bien partout la même chose ! dit le maître calfat Jardinet en donnant un grand coup de poing sur la table. Dans les temps, à Saint-Louis, quand ce renégat de malheur mit le feu à la Case-aux-Palmes nous descendons à terre après une damnée tornade...

— Connu, le reste, père Jardinet.

— Notre capitaine disait tout le premier

que nous n'avions pas le bon sens avec notre Nathan-la-Flibuste ! Il l'avait vu assez pourtant !... et de près !...

La jeune Odette qui, jusque-là, s'était bornée à écouter, était l'incrédule du logis. Ses père et mère lui avaient fait donner une demi-éducation qui la mettait un peu au dessus des préjugés de sa classe. Telle avait été Suzette Barbcrousse autrefois, telle était aujourd'hui Odette Croche-Cœur. Ainsi va le monde ! — Si la charmante Saintongeoise partageait l'attachement de sa famille pour le capitaine de corvette Kéravel, parrain de son frère aîné, si elle se laissait toucher par les récits relatifs à cet Edmond de Guimorvan, qui était le héros des veillées, le sauveteur de Rafiau, l'ami du protecteur de la maison, et l'éternel objet des suppositions les plus opposées, elle n'ajoutait guère foi aux forfaits et aux exploits fantastiques du célèbre Nathan-la-Flibuste.

— Au fait! dit-elle, les officiers n'ont pas si grand tort! Comment voulez-vous qu'on croie qu'il navigue à la fois dans le nord et dans le sud, qu'il fait la course en Chine, en Amérique, en Afrique?...

Rafiau s'était tû; il contemplait la jeune fille, dont un houra de clameurs couvrit la voix. Les autres marins soutenant chacun des opinions contradictoires, péroraient, juraient, s'échauffaient et faisaient un tel bruit qu'on n'entendit pas ouvrir la porte.

Un homme de haute stature, maigre, osseux, au teint basanné, coiffé d'un béret basque à gland rouge, vêtu d'un caban de Smyrne et portant sur le dos un gros sac de toile à voile, s'était introduit dans la salle commune; il s'avança jusque auprès de la table sans avoir été remarqué, posa son sac à terre, croisa ses longs bras sur la poitrine, et hocha la tête en souriant d'un sourire à peindre, où le dédain et la bonhomie se mariaient dans une égale proportion.

— Nathan-la-Flibuste! s'écria-t-il d'une voix de Stentor, il n'y a pas trois jours que je l'ai vu!...

— Tiens! maître Baraquette! s'écria l'auditoire étonné.

Chacun se retourna.

— Comment vous portez vous?... d'où viens-tu?... depuis quand à Rochefort?...

— Depuis cinq minutes, mère Croche-Cœur!... de Toulon où nous avons débarqué!... Salut à la compagnie!... Merci, pas mal, et vous autres! Comme vous voyez, on a rallié droit chez vous.

— Bien vous avez fait, maître! Approchez-vous du feu'... Buvez un coup de sec :

il fait un froid à déralinguer la peau de la face.

Odette se chargea du sac du marin, pendant qu'on l'accablait de compliments et de témoignages d'amitié.

— Mais encore une fois, d'où viens-tu en droiture ? demanda le père Palanquin.

— D'un pays, matelots, où j'ai vu de ces deux yeux qui ne sont pas envasés, et je m'en flatte, celui dont vous blaguez pour le quart-d'heure.

— Nathan !

— Nathan-la-Flibuste en chair et en os, voilà ! dit Baraquette d'un ton triomphant!

— Pour lors vous arrivez de la Chine! s'écria Rafiau.

— Non !... d'un pays beaucoup plus pire ; devine, devinaille ! au plus malin la chance !

— Ah! il était sur *la Clorinde*, il vient du Brésil, c'est clair.

— Oui, mais ce n'est pas au Brésil que j'ai rencontré Nathan. Devine, devinaille, encore une fois, où ce que je l'ai vu, là comme je vous vois!...

— A Gibraltar?
— En Espagne?
— A Mahon?
— A Toulon?
— Ça brûle, matelots, ça brûle!

Baraquette s'assit carrément au coin du feu, bourra sa pipe et l'alluma.

— En France donc! s'écrièrent cinq ou six voix.

Baraquette fit un signe de tête affirmatif avec une gravité étudiée.

— A Cette?... Sur le canal?... A Bordeaux?...

Tous les ports du midi furent cités.

— A Paris! s'écria Odette.

— Eh oui! à Paris! mille caïmans de sort! répéta le maître d'équipage en se levant, à Paris! tremblement du grand diable d'enfer!... à Paris!

Un silence causé par une stupéfaction complète régnait dans la salle. Baraquette en profita pour prendre la parole d'un ton doctoral :

— Débarquant de la *Clorinde* à Toulon, dit-il, j'avais le choix de la route, pas vrai, pour m'en revenir à Rochefort? — Nom d'un petit bonhomme! que je me dis, j'ai des gourdes, des économies de campagne payées recta, une pièce de quinze cents francs sur la ligne... C'est le cas de tirer un plan et de courir une petite bordée par terre!... Si j'allais d'une traite m'amarrer à quatre dans le grand village!... — J'ai assez vu de ports, de côtes, de pays sauvages... le

Brésil, l'Inde, la Chine, la Cochinchine et l'archi-Cochinchine. Connu! c'est toujours la même chose! des mal-blanchis de toutes les couleurs!... Allons à Paris! il n'y a pas deux Paris dans le monde, n'est-ce pas? A preuve que, naviguant depuis mon temps de mousse sur *le Çà-irà*, je n'en ai jamais rencontré la moitié d'un sur la route. Je dis mon idée à maître Beauzeuil, mon matelot. Ça, ça y est! nous voilà filés! — Paris! c'est grand. Je suis Français, si je vous dis la pure vérité, ce n'est pas pour rien ôter à la capitale de mon pays. Malgré ça, Paris n'est pas si crâne que nous l'arrangent tous ces parisiens qu'on nous embarque à seule fin de nous couler des blagues sans raison. Le Louvre du roi est une colle, vu que le roi n'y loge pas; il demeure en face, dans une grande caserne noire pis que cette marmite, sur une place bordée et chevillée en vase au lieu de pavé. Elle est propre, la devanture du roi! Tu dirais la cale d'un marchand de guaco! Qu'est-ce qu'ils nous chantaient, que son palais était d'or et d'argent, fourbi à neuf tous les matins par un régiment de la garde! C'est en pierre, en pierre de taille, couvert en ardoises comme le quartier de la marine à Brest. C'est drôle tout de même qu'ils nomment cette case les *Tuileries*; il n'y a pas une seule tuile par dessus. Maître Beauzeuil voulait repartir tout de suite : — Je ne m'amuse pas, dit-il. A Toulon, à Brest, à Lorient, nous avons nos hôtesses, des parents, des amis; ici nous sommes chez les Macaques! » — « Au moins faut-il voir le restant, aller un petit peu au Palais-Royal et au grand Opéra, regarder le monde... Entrons chez le marchand de vin, buvons un coup : ça ouvre l'esprit, nous verrons après! » — « A ta volonté, répond

Beauzeuil. » — Comme nous étions à boire chopine dans la rue Saint-Honoré, proche le Palais-Royal, une boutique un peu farce, le monde se met à courir; les gamins criaient : — « Voilà le prince d'Afrique ! Oh ! hu ! » Le marchand de vin sort sur sa porte, nous aussi. — « Quelque mauricaud ! dit Beauzeuil. » — « Possible ! ça se voit ! » Je regarde. Le soi-disant prince d'Afrique était dans un carrosse découvert qui s'arrête juste en face : — « Ah !... tonnerre de Gorée ! que je dis, tu ne le reconnais pas ! »— « Bien sûr, répond Beauzeuil, puisque je ne l'ai jamais vu avant aujourd'hui. » — « Ni moi non plus, mais je le reconnais tout de même à sa peau rouge et à ses veines bleues ! » — C'était Nathan la-Flibuste !

— Nathan-la-Flibuste ! s'écrièrent tous les auditeurs de maître Baraquette; en prince d'Afrique !... à Paris !

— J'y étais bien, moi !... La fantaisie lui aura pris d'aller se divertir aussi apparemment !... Les Parisiens en disaient... ils en disaient... c'était cocasse! On ne parlait que de lui partout, sans qu'on sût son vrai nom; ça se devine, il se faisait appeler Sidi Achmed-ben-Abdallah.

— Hum ! fit Jardinet, ces noms de Maures me donnent des ressouvenances...

— Tant qu'à prendre un faux nom, continua Baraquette. Nathan ne s'était pas gêné. Ça ne coûte pas cher. Il en avait bien une quinzaine enfilés bout à bout plus bédouins l'un que l'autre.

Odette s'était prise à rire :

— Mandarin, forban, négrier, négociant, armateur et maintenant Bédouin, si votre Nathan n'est pas vrai, il est divertissant tout de même.

— Ma fille, interrompit la bonne femme

Croche-Cœur avec une sévérité maternelle, tu as tort de rire. Puisque le diable est de sa famille, tout ça s'explique clair comme le jour... Allez toujours, maître Baraquette, ne faites pas attention.

— Au total, les parisiens l'appelaient Achmed pour parler court, laissant Abdallah, Mohammed, Sidi, Marcassin et le reste, se promener bras-dessus bras-dessous. Moi je dis Nathan, c'est plus commode. Et la mère Croche-Cœur a raison, j'ai raison, nous avons tous raison, hormis la petite qui se mord malignement ses lèvres couleur de rose en manière de se moquer des vieux de la cale!... Faut que cet homme soit un peu cousin du diable; d'abord l'histoire l'a toujours dit.

— Pardon! excuse! maître Baraquette, s'écria Rafiau avec chaleur; Odette est une bonne petite fille qui ne se moque de personne!.. Elle rit, c'est son tempérament, et vous, maître, vous manquez la faire pleurer, le soir de votre arrivée et de la mienne!...

— Pleurer! j'en serais bien fâché. Mon enfant, reprit Baraquette; riez! riez tout à votre aise! Cinq cent mille tremblements! ne vous gênez pas, et naviguons droit. Nathan était habillé à la turque, avec de larges bragou-braz, une veste brodée d'or, des cachemires en ceinture, des bijoux, des diamants, des pierreries de toutes couleurs, premier choix, un turban magnifique et un burnous blanc qui flottait par dessus le reste.

— Un burnous!... Connu, le burnous blanc! murmura Jardinet.

— Il n'est pas laid, ce scélérat, pour être franc : un grand front, un joli nez, une bouche gréée en dents blanches comme neige; ses veines bleues sont petites, en zigs-zags courant finement sur sa peau de maroquin rouge ; il a bonne mine, des yeux brillants, à peu près noirs, l'air jeune.

— Ah! par exemple! s'écria maître Jardinet, à St-Louis, voici dix ans, il avait déjà la barbe et les cheveux gris.

— A Paris, l'autre jour, sa barbe était noire, sans un brin blanc. Pour ses cheveux, comme de juste, on ne les voyait pas, étant rasés ou ramassés sous son turban de prince maure.

— Il rajeunit donc à volonté!... dit un des fils de la maison.

— Parbleu! s'écria Palanquin.

— Parbleu! répéta Croche-Cœur, le manchot; pour être connu sur terre et sur mer depuis tantôt mille ans, faut bien qu'il refasse peau neuve de temps à autre.

— Après! maître Baraquette, après?..

— Eh bien! il descend de son carosse et entre au Palais-Royal. Deux nègres habillés en rouge marchaient derrière lui. Il se donnait des genres de Turc. Tous ces parisiens de malheur avalaient la carotte, fallait voir!... J'écoutais blaguer, je riais en dedans, et Beauzeuil de même. Nathan s'avançait, fier, calme, sans se presser. Nous reconnaissions en dessous sa coupe de marin, la paume de la main dévirée en dehors, l'allure solide, et par moments leste! un petit mouvement d'épaule, pas plus prince maure que moi.

— Un mouvement d'épaule, interrompit brusquement Rafiau, comment-ça?

— Comme ceci, riposta Baraquette en imitant de son mieux le prétendu Nathan dont il parlait.

L'homme du *Colbert* étouffa un soupir.

— Je paie le marchand de vin, et je dis à Beauzeuil : « — Suivons-les! Nous ne sommes pas des terriens; un bédouin n'a rien de rare parmi nous autres; mais celui-ci!... » — Nous voici donc gouvernant dans ses eaux avec une division de gamins qui criaient, piaillaient pis que des nègres. Parmi eux, il y avait un monsieur à breloques, face de cambusier, manières de calicot, un malin, un Parisien fini, vous savez!.. Il disait que le prince d'Afrique arrivait de Tunis, à travers le désert de sable, venant de plus loin que Tombouctou, de la capitale du pays du Feu, rapport pourquoi les hommes y sont rouges, — une ville superbe, appelée Diangol, qui n'est marquée sur aucune carte connue... « — Bon! me dit Beauzeuil en riant, je le crois bien que son Diangol n'est sur aucune carte; c'est le cas de dire : Pays perdu; celui qui le retrouvera sera fin. » Et comme nous jasions de même entre matelots, Nathan se retourne vivement et nous regarde dans le blanc des yeux. Il fait semblant de ne pas savoir le français; je gage, moi, qu'il nous avait entendus.

Le père Palanquin dit d'une voix grave :

— Nathan-la-Flibuste, c'est prouvé, parle toutes les langues du monde.

— A Paris, continua Baraquette, il avait son plan, et c'est pourquoi il a ravalé sa salive cette fois-là...

— Il vous a donc parlé plus tard? s'écria Odette.

— Quasiment; mais laissons courir, ça viendra!... Nous sommes au Palais-Royal, en face d'une division de belles boutiques qui font plaisir à voir. Entendant son nom de Nathan-la-Flibuste, il se vire donc vers nous, et en se virant il fait encore son petit mouvement d'épaule. S'il nous lorgnait avec ses yeux américains, nous ne nous gênions

pas non plus pour le lorgner en plein bois,
Mais lui, par feinte, se met à parler un langage bédouin à son drogman noir n° 1, qui
répète la chose au mauricaud, n° 2, dans
un autre baragouin; et voilà qu'ils entrent
tous les trois dans la boutique d'un changeur. Le monsieur blaguait toujours; quelle
platine!... Sidi-Achmed visitait Paris dans
les coins et recoins, disait-il en explication
de la raison pourquoi, étant prince d'Afrique,
il allait partout en personne. — « Cette carotte! me fait Beauzeuil; Nathan a son plan
pour ça! » — « Tiens, matelot, j'ai encore
quelques patagons du Brésil, c'est le cas de
les changer par la même occasion. Entrons
aussi! » — Les gamins jugulés restent à la
porte. Le drogman n° 2 était tout bonnement un domestique français, un iolof du
Sénégal, qui dit dit-il à la factrice du comptoir : « Madame, monseigneur Achmed-

ben-Abdallah voudrait changer ces lingots et cette poudre en billets et en argent monnayé. » En même temps, il tire d'une cassette quatre gros sacs de poudre d'or et cinq à six bâtons massifs. — « Excusez, que je fais, la flibuste est un bon commerce ! » Nathan, cette fois, ne se retourna pas, mais il haussa encore l'épaule à sa manière : — « S'il n'entend pas le français comme toi-z et moi, matelot, je veux bien que le grand cric me croque sans sel ni poivre ! » La factrice pesa son or, lui aligna une trentaine de billets de mille francs et un gros sac de doubles louis avec pas mal de monnaie blanche, et encore elle lui rendit trois lingots, disant qu'elle n'avait plus assez de quoi. — Nous autres, nous changeons nos quatre patagons contre vingt-deux francs six sous. Sortant de la boutique, Nathan faisait distribuer sa monnaie blanche à sept ou huit pauvres diables de la bande. Les gamins criaient : « Et moi! et moi!... » Mais il se met en colère, roule les yeux, manque tirer son damas et pousse un goddam en bédouin qui sortait du creux de l'estomac, tu aurais juré le commandant Lorgnon criant : — Pare à virer! — Les gamins ne demandent pas leur reste, et brassent à culer à plus de quinze pas. Beauzeuil et moi nous nous faisions une bosse de rire, naviguant toujours dans le sillage de Nathan, sans mollir d'une demi-brasse.

Le récit de maître Nicolas Baraquette obtenait chez les Croche-Cœur un succès croissant; Rafiau surtout écoutait avec un sentiment d'anxiété presque fébrile; Suzette Barberousse, maîtresse de la maison, restait stupéfaite d'admiration et de curiosité :

— Par le travers d'un grand café aux Mille-Colonnes, poursuivit Baraquette, débouque qui? — Un officier de marine trop connu de ceux qui le connaissent, une autre espèce de banian, M. Pierre Esméril, sans le nommer, qui a fait la traite plus de dix ans, a perdu son navire en rivière de Nantes, est entré au service enseigne auxiliaire et a passé lieutenant de vaisseau plus vite qu'à son tour. Il tire son chapeau au soi-disant prince d'Afrique, lui fait *Salam alek-oum,* à la mode du Sénégal, et prend sa mine de joli cœur... Brigand, va!... Nathan lui rend son Salam; ensuite, par le moyen des deux nègres, ils causent un moment. Le mauricaud n° 2 disait à M. Esméril : — « Monseigneur aura l'honneur de se rendre ce soir chez madame la comtesse de Mareulles, c'est bien convenu. Actuellement, nous allons à la bibliothèque royale. » — « Si monseigneur daigne le permettre, répond Esméril, je serai heureux de l'accompagner. » Nathan lui envoie un autre Salam, lui offre une place dans son carrosse, fait un signe au cocher, et ils mettent le cap sur la Cayenne aux bouquins. — La bibliothèque royale, me dit Beauzeuil, où c'est-il, çà? S'il y avait mèche d'y rentrer avec eux? Sais-tu, Baraquette, que je commence à m'amuser à Paris! » — Et moi donc! Nous demandons si la bibliothèque est publique comme celle du port à Brest et à Toulon; on nous répond que oui... Attrape à courir après le carrosse de Nathan...

. . . . . . . . . . . .

Nous interromprons ici le récit coloré de maître Baraquette pour prendre à notre tour la parole et suivre le mystérieux prince d'Afrique à la bibliothèque royale.

# CHAPITRE II.

### Les Interprètes.

Le docte Elias Nepos, de l'académie des inscriptions et belles-lettres, professeur de langues orientales et membre correspondant de toutes les sociétés savantes du globe, était plongé dans l'étude d'un manuscrit arabe du neuvième siècle, lorsque Sidi Achmed-ben-Abdallah-ben-Mohassem

Lambdo pénétra dans son sanctuaire avec la gravité qui convient à un grand seigneur musulman.

Elias Nepos, à peine âgé de cinquante ans, avait déjà l'apparence d'un vieillard, le front chauve et ridé, couronné par quelques mèches de cheveux blancs, les yeux profondément enfoncés dans leurs orbites, vifs, pétillants et remplis de cette aménité qu'on rencontre fréquemment chez les hommes d'un vrai mérite.

Dès qu'il eut aperçu le prince africain, il se leva précipitamment, alla au devant de lui avec un véritable plaisir, et se conformant à ce qu'il savait des usages, posa sa main droite sur sa bouche, la croisa ensuite sur sa poitrine avec sa main gauche, et s'efforça de donner à ces gestes toute l'ampleur désirable. Ses efforts, on l'avouera, furent rendus inutiles par son habit étriqué, poudreux et rapé outre mesure, par sa complexion grêle et sa médiocre prestance, qui ne prêtaient pas à l'illusion.

Le lieutenant de vaisseau Pierre Esméril se mordit les lèvres, non sans examiner du coin de l'œil la physionomie de l'étranger. Celui-ci, digne et sérieux, ne parut pas s'apercevoir de la gaucherie du savant qui lui disait en langue arabe :

— Puissent les bénédictions de Dieu, rosée fraîche et bienfaisante, couler abondamment sur la tête de votre altesse !

L'accent français d'Elias Nepos, pas plus que sa pantomime, ne sembla ridicule au prince Achmed :

— Que le salut du corps et de l'esprit, seigneur Nepos, vous soit à jamais accordé par le Tout-Puissant, répondit-il avec une majestueuse courtoisie. Vous êtes une des étoiles lumineuses de ces froides contrées où le soleil se drape dans des voiles blancs. Auprès de vous, la langue du voyageur se délie. Vous lui offrez l'hospitalité de votre science. Les marabouts de ma patrie rendraient des actions de grâce au Dieu souverain, s'il leur était permis, comme à moi, de se désaltérer au puits profond de votre sagesse

Sidi Achmed prononçait avec lenteur, pour que l'érudit bibliothécaire pût traduire plus aisément chacune de ses paroles. Les petits yeux d'Elias Nepos s'animaient d'une incomparable expression de béatitude. Le moindre mot, la moindre intonation de l'étranger était une découverte : l'illustre professeur compulsait un manuscrit vivant, il éprouvait une de ces ardentes voluptés que la science réserve à ses amants comme une large compensation de leurs labeurs.

Elias Nepos remercia modestement, salua de nouveau, rendit à Esméril un salut moins pompeux et offrit des siéges au prince ainsi qu'à l'officier de marine.

Prenant ensuite le manuscrit arabe ouvert sur son pupitre :

— Depuis votre arrivée à Paris, seigneur Achmed, dit-il, depuis que vous nous avez révélé l'existence de l'empire de Diangol, je n'ai plus qu'une pensée, je la poursuis nuit et jour, j'essaie de découvrir l'origine de votre peuple. Voici un ouvrage arabe de l'an 250 de l'Hégire, écrit à Cordoue, — vous connaissez assurément le nom de Cordoue, monseigneur ?

— Les poètes du désert ont chanté la grandeur des califes d'Espagne et la perte de leurs conquêtes, répondit le prince africain ; plusieurs de ces chants de deuil ont retenti à mes oreilles durant mes longs et nombreux voyages.

— Notre manuscrit dont la source est authentique, poursuivit le savant, contient des renseignements précieux ; mais je suis souvent embarrassé par les abréviations et les locutions anciennes. Les points-voyelles multipliés rendent le texte obscur ; tantôt je lis : « Après l'invasion des côtes de la Méditerranée et la prise de Carthage par les Barbares du Nord, de nombreuses tribus de Mauritanie, franchissant le Sahara, se réfugièrent au centre de l'Afrique, imposèrent leur domination aux noirs indigènes, et fondèrent dans le Soudan plusieurs villes immenses... » Tantôt je traduis au contraire : « De nombreuses tribus furent réduites en esclavage, livrées aux noirs indigènes, et emmenées dans leurs villes immenses du

Soudan. » Je trouve encore plusieurs solutions moins satisfaisantes; et pourtant la traduction de ce passage est évidemment la clef du livre.

— Votre première version est la bonne, dit Sidi Achmed, après avoir attentivement examiné le manuscrit que Pierre Esméril regardait aussi avec curiosité.

— Qu'en pense monsieur? lui demanda naïvement le savant orientaliste.

— Moi! monsieur Nepos, répondit l'officier de marine, j'ignore absolument ce dont il s'agit.

— Vous n'entendez donc pas l'arabe?

— Je le confesse humblement, dit Esméril en saluant d'un air piqué.

Le lieutenant de vaisseau, mis en bourgeois avec une visible recherche de costume, était un homme d'environ trente-trois ans, d'une taille au dessous de la moyenne, constitué vigoureusement et manquant de distinction dans les manières, quoique ses traits prissent souvent l'expression d'une politesse obséquieuse.

Le savant, tout entier à ses études, continuait la conversation en arabe avec Sidi Achmed. Esméril se leva, aperçut par la fenêtre Baraquette et Beauzeuil en conférence dans la cour avec les nègres du prince, prit son chapeau, salua et sortit.

. . . . . . . , . . . . . .

— A votre aspect, monseigneur, disait le bibliothécaire, je reconnais que vous appartenez à la race des *foulahs, fellânys, fellatahs* ou plutôt des *peuls-rouges* dont l'origine est pour nous un problème. Je vois en vous un des individus-types de cette nation intéressante classée par plusieurs de mes confrères au rang des principales variétés ou même des espèces du genre humain, tandis que d'autres en font une famille métive issue de pères arabes et de femmes torados. Les peuls descendent-ils de ces Mauritaniens qui, vaincus par les Vandales, allèrent régner au centre de la Nigritie? Je me fonde en ceci sur mon manuscrit de Cordoue. Peut-être même les Vandales refoulés à leur tour par les Sarrazins seraient-ils vos ancêtres? Enfin, Rennel, un de nos auteurs, ferait remonter votre source aux Leucœthiopes de Ptolémée.

— Je n'ai jamais ouï parler de ces Leucœthiopes, seigneur Nepos, répondit Achmed; mais parmi les grands et les marabouts de mon peuple, une opinion bien différente de toutes les vôtres est traditionnelle.

Le savant orientaliste tressaillit de plaisir; tous les muscles de sa figure se tendirent. Un tremblement de terre ne l'eût pas distrait. Archimède, à l'heure de sa mort, n'était pas plus attentif à la solution de son fatal problème qu'Elias Nepos aux paroles de Sidi Achmed.

— Au-delà des contrées qui se déroulent au levant du Diangol, on trouve une vaste mer.

— L'Océan indien, murmura Elias Nepos en français.

— Au sein de cette mer orientale, des îles nombreuses étaient habitées pas nos pères.

— Les îles de la Sonde! Sumbava, Timor, les Moluques, les Philippines, disait le savant avec une émotion croissante. Malaisien! Malaisien! les Peuls et les Malais seraient les rameaux d'une même souche!...

Achmed ajoutait que ses ancêtres ayant franchi l'Océan, étaient descendus sur les terres d'Afrique et s'y étaient répandus de l'Est à l'Ouest. Il racontait dans un style imagé comment des mélanges de race avaient eu lieu entre les vainqueurs et les vaincus; il parlait de la fondation de plusieurs villes, des premières conquêtes des Foulahs, de leur conversion à l'islamisme, après l'invasion des Sarrazins et de l'établissement très moderne de l'empire de Diangol.

Achmed dit encore que si ses noms étaient arabes, son titre de *lambdo* (chef) était peul et qu'enfin le mot *peul* lui-même signifie *blanc*.

Elias Nepos frémissait de joie, il osait à peine questionner, il écoutait religieusement; puis, comme Sidi Achmed, après un long récit, se remettait à compulser le manuscrit maure, il courut à ses vocabulaires.

— *Foulah, foul, poul, peul,* même mot !

disait-il entre ses dents. *Peul* dans le dialecte de Diangol, signifie *blanc*, dans le dialecte de Rotti, *foulah*, dans celui de Madagascar, *foutch*, en malais et en javanais *poutah* veulent dire blanc. Le nom de *poul*, *peul*, *foulah*, fut donc l'appellation que les Malaisiens arrivés en Afrique se donnèrent à eux-mêmes pour se distinguer des peuples noirs ! Quelle découverte !... Oh ! je rédigerai un mémoire qui mettra le monde savant sur la bonne voie ! J'y insérerai des détails historiques, géographiques et ethnologiques sur le Diangol, et, dès que j'aurai terminé mes travaux sur l'abolition de la traite des noirs, j'écrirai une lettre détaillée au docteur Cox, notre ami de New-Yorck, pour lui dire que notre opinion confirme toutes les siennes.

Malgré la température glaciale, l'érudit Elias Nepos, réchauffé par le feu sacré de la science, suait à grosses gouttes. Sidi Achmed, qui parcourait toujours le manuscrit, levait les yeux sur lui de temps en temps et l'observait.

Dans la cour grelottaient les deux interprètes de Sidi Achmed et les deux marins qui, les voyant sans leur maître, les avaient aussitôt abordés.

Mathieu Beauzeuil entama la conversation en patois créole de la Martinique, comme si tous les nègres du monde devaient savoir ce langage. Il s'était adressé au drogman intermédiaire, appelé Gorko, qui lui montra du doigt son camarade.

Celui-ci répondait au nom mythologique d'Apollon.

— Parlez-moi français, dit-il avec un accent provençal très prononcé, depuis que j'ai quitté Saint-Louis du Sénégal, j'habite

Marseille, où monseigneur Achmed m'a pris à son service. Mon compagnon Gorko est iolof comme moi. Tandis que je venais en France, il était emmené dans le pays des Foulahs; il y a appris la langue de notre maître, en sorte qu'à défaut du premier trucheman de son altesse nous faisons à nous deux un assez bon interprète.

— Triple coquin de sort! s'écria Baraquette en s'adressant à Beauzeuil, paraît que Nathan-la-Flibuste aime à faire tamiser ses palabres; deux porte-voix pour un, excusez!

— Chacun son goût, répondit le maître canonnier en clignant de l'œil par un tic familier qui lui avait sans doute valu son euphonique surnom.

Mais pourquoi ne dirions-nous pas que Mathieu avait précédemment porté un sobriquet plus caractéristique encore? Lorsqu'il embarqua sur *la Clorinde*, on l'appelait Coco-bel-OEil (1). Les matelots adoucirent ce surnom, peu respectueux, quand il fut élevé au grade de maître de canonnage ; *Beauzeuil* prévalut.

— Je ne vous comprends pas, messieurs les marins, demanda Apollon; qu'entendez-vous par Nathan-la-Flibuste?... Monseigneur Achmed-ben-Abdallah...

— Assez de ta rocambole, interrompit Baraquette; nous disons Nathan par manière de conversation... Va toujours !

— Celui-ci, dit Apollon en montrant Gorko, est depuis bien des années au service de son altesse...

— Caïman de sort ! s'écria Baraquette, si je savais seulement autant d'iolof que de *moco* (2), nous pourrions jaser de Na-

(1) Voir *Le Docteur Esturgeot*, t. I.
(2) Provençal.

than avec un mauricaud bien renseigné.

Esméril avait entendu les dernières phrases des marins; au nom de Nathan un imperceptible sourire rida ses lèvres.

— Dites donc, l'ami iolof, demanda Beauzeuil, depuis quand êtes-vous à Paris, et qu'y fait votre monseigneur ?

— Depuis six semaines, répondit Apollon; nous visitons la ville et les faubourgs, nous allons un peu partout, au spectacle, au bal, dans les premiers salons, chez les ambassadeurs, chez les ministres.

— Cartahu de potence! dit Baraquette en sourdine, tu verras que ce déhonté sans vergogne sera allé chez le roi.

Baraquette avait tort.

FIN DU PREMIER VOLUME.

# TABLE

## DES CHAPITRES DU PREMIER VOLUME.

### PROLOGUE.

#### La Fosse aux Lions.

Chap. I — Le Vergeroux. . . . . . . page 3
— II. — Le coup de sabre. . . . . . 55
— III. — Le combat. . . . . . . . 113
— IV. — Double noce . . . . . . . 141
— V. — L'horoscope. . . . . . . . 165

#### La Case aux Palmes.

— I. — Salam ! . . . . . . . . . 209
— II. — Le nom sacré. . . . . . . 233

### PREMIÈRE PARTIE.

#### Sidi Achmed-ben-Abdallah.

— I. — La maison Croche-Cœur. . . . 261
— II. — Les Interprètes. . . . . . . 303

FIN DE LA TABLE DU PREMIER VOLUME.

---

Fontainebleau imprimerie de E. Jacquin.

EN VENTE:

## DERNIÈRES NOUVEAUTÉS PAR ALEXANDRE DUMAS

### ANGE PITOU
8 volumes 40 fr.

### LA COMTESSE DE CHARNY
Suite d'*Ange Pitou* et complément des *Mémoires d'un Médecin*.
(Cet Ouvrage ne paraîtra pas en feuilletons.)

### LE TROU DE L'ENFER
4 volumes 20 fr.

### DIEU DISPOSE
Suite du *Trou de l'Enfer*. — 6 volumes 30 fr.

### HISTOIRE D'UNE COLOMBE
2 volumes 10 fr.

### LE VÉLOCE
4 volumes 20 fr.

### LOUIS SEIZE
5 volumes 25 fr.

### OLYMPE DE CLÈVES
6 volumes 30 fr.

### MES MÉMOIRES
4 volumes 20 fr.

---

Sceaux. — Imprimerie de E. Dépée.

www.ingramcontent.com/pod-product-compliance
Lightning Source LLC
Chambersburg PA
CBHW060646170426
43199CB00012B/1693